Regulierung des Gesundheitsrechts durch Telematikinfrastruktur –
die elektronische Gesundheitskarte

Speyerer Schriften zu Gesundheitspolitik und Gesundheitsrecht
Herausgegeben von Rainer Pitschas

Band 4

PETER LANG
Frankfurt am Main · Berlin · Bern · Bruxelles · New York · Oxford · Wien

Rainer Pitschas (Hrsg.)

Regulierung des Gesundheitsrechts durch Telematikinfrastruktur – die elektronische Gesundheitskarte

Referate des 2. Speyerer Zahnärztesymposiums
am 18. und 19. November 2008

Eine Zusammenarbeit der Deutschen Hochschule
für Verwaltungswissenschaften Speyer
mit der Kassenzahnärztlichen Bundesvereinigung

herausgegeben von Rainer Pitschas
in Verbindung mit dem Vorstand
der Kassenzahnärztlichen Bundesvereinigung

PETER LANG
Internationaler Verlag der Wissenschaften

Bibliografische Information der Deutschen Nationalbibliothek
Die Deutsche Nationalbibliothek verzeichnet diese Publikation
in der Deutschen Nationalbibliografie; detaillierte bibliografische
Daten sind im Internet über <http://www.d-nb.de> abrufbar.

Gedruckt auf alterungsbeständigem,
säurefreiem Papier.

ISSN 1863-253X
ISBN 978-3-631-59774-3
© Peter Lang GmbH
Internationaler Verlag der Wissenschaften
Frankfurt am Main 2009
Alle Rechte vorbehalten.

Das Werk einschließlich aller seiner Teile ist urheberrechtlich
geschützt. Jede Verwertung außerhalb der engen Grenzen des
Urheberrechtsgesetzes ist ohne Zustimmung des Verlages
unzulässig und strafbar. Das gilt insbesondere für
Vervielfältigungen, Übersetzungen, Mikroverfilmungen und die
Einspeicherung und Verarbeitung in elektronischen Systemen.

www.peterlang.de

Inhaltsverzeichnis

Vorwort 7

Das Verfahren zur Einführung der elektronischen Gesundheitskarte und 9
die zu erwartenden Auswirkungen auf den Bereich der vertragszahnärztlichen Versorgung
Günther E. Buchholz, Köln

Zukünftige Ausgestaltung und notwendige rechtliche Voraussetzungen der 19
Infrastruktur der Telematik für die Einführung des HBA, des eGBR und
der eGK
Brigitte Schmidt-Jähn, Saarbrücken

Das Verfahren zur Einführung der elektronischen Gesundheitskarte und 33
der Datenschutz
Thilo Weichert, Kiel

Regulierung des deutschen Gesundheitswesens durch Rechtsinfrastruktur 45
und Informationstechnik – die elektronische Gesundheitskarte
Rainer Pitschas, Speyer

Verzeichnis der Autoren 65

Verzeichnis der Speyerer Schriften zu Gesundheitspolitik und Gesundheitsrecht 67

Vorwort

Nach dem Willen des Gesetzgebers wird zur Verbesserung von Wirtschaftlichkeit, Qualität und Transparenz der Behandlung von Patienten die Krankenversicherungskarte zu einer elektronischen Gesundheitskarte erweitert (§ 291a SGB V). Die Einzelheiten ihrer Ausgestaltung sind in die Regelungen des Sozialgesetzbuches – Buch V über die Grundsätze der Datenverwendung (§§ 284 ff. SGB V) und in die Vorschriften über die Informationsgrundlagen der Krankenkassen (§§ 288 ff. SGB V) eingebettet.

Mit dem dadurch geschaffenen Regelungsgefüge trägt der Gesetzgeber der Notwendigkeit des modernen Sozialstaates Rechnung, für die Tätigkeit der gesetzlichen Krankenversicherung als Solidarverband im Rahmen des Sozialleistungssystems den intensiven Einsatz der Informations- und Kommunikationstechnik zu ermöglichen. Dennoch verzögert sich bislang die Einführung der elektronischen Gesundheitskarte. Während Befürworter des Projektes auf einen Zugewinn an Effizienz und Qualität im Behandlungsgeschehen hoffen, hinterfragen Kritiker das Kosten-Nutzen-Verhältnis und die Sicherheit der Daten. Die Brisanz und Aktualität dieser Diskussion ist durch die jüngste Berichterstattung über den massenhaften Verkauf von Datensätzen der Bundesbürger im Internet und die Weitergabe von Gesundheitsdaten an Callcenter deutlicher geworden denn je.

Welche technischen, rechtlichen und politischen Implikationen die Einführung der Karte hat, und welche Folgen sie für den zahnärztlichen Versorgungsalltag zeitigt, ist auf dem 2. Deutschen Zahnärzte-Symposium diskutiert worden, das am 18./19. November 2008 von der Kassenzahnärztlichen Bundesvereinigung gemeinsam mit der Deutschen Hochschule für Verwaltungswissenschaften Speyer in Berlin veranstaltet wurde. Die dort gehaltenen Referate werden im Folgenden abgedruckt. Sie unterstreichen insgesamt den Beschluss des Deutschen Ärztetages in Mainz vom 22. Mai 2009, die vorgesehene elektronische Gesundheitskarte in ergebnisoffenen Tests weiter sorgfältiger Erprobung zu unterziehen. Zweifelhaft ist allerdings, wie ihre Nutzung patientenbezogen reguliert werden und datenschutzverträglich gestaltet werden kann.

Der Herausgeber, dem neben einem eigenen Vortrag die Mitwirkung an der Vorbereitung und die Moderation des Symposiums oblag, dankt den Verantwortlichen der Kassenzahnärztlichen Bundesvereinigung für die tatkräftige Zusammenarbeit und finanzielle Förderung auch der Drucklegung dieses Bandes sehr herzlich. Für die Unterstützung bei der Gestaltung der Tagung und bei ihrer

Durchführung sei ebenso meiner Assistentin, Frau Ass. iur. Katrin Schoppa, wie meiner Sekretärin, Frau Michaela Busche, herzlich gedankt.

Speyer, im Mai 2009 *Rainer Pitschas*

Das Verfahren zur Einführung der elektronischen Gesundheitskarte und die zu erwartenden Auswirkungen auf den Bereich der vertragszahnärztlichen Versorgung

Von Günther E. Buchholz

In meinem Vortrag referiere ich über die Position der Zahnärzteschaft zur Einführung der elektronischen Gesundheitskarte (eGK). Um das komplexe Thema der verschiedenen eGK-Anwendungen zu strukturieren, möchte ich zunächst auf die derzeit laufenden Testmaßnahmen eingehen und anschließend den Basis-Rollout erläutern, der in der nächsten Zeit starten soll. Abschließend werde ich auf den geplanten so genannten Online-Rollout und die weiteren Anwendungen eingehen. Dabei werde ich jedoch nicht dezidiert die Funktionalitäten und den derzeitigen Stand vortragen, sondern zu jedem Teilprojekt der Einführung der eGK die von der niedergelassenen Zahnärzteschaft erwarteten – oder seitens der niedergelassenen Zahnärzte befürchteten – Auswirkungen auf die vertragszahnärztliche Versorgung darstellen. Da der Schwerpunkt dieser Veranstaltung auf der Diskussion von Rechtsfragen im Zusammenhang mit der elektronischen Gesundheitskarte liegen soll, werfe ich darüber hinaus auch zu jedem Schritt der Einführung die aus Sicht der Zahnärzteschaft bestehenden rechtlichen Fragen auf.

Die *Testmaßnahmen* zur Einführung der elektronischen Gesundheitskarte werden seit geraumer Zeit in sieben Testregionen durchgeführt. Das Bundesministerium für Gesundheit hat per Rechtsverordnung die einzelnen Teststufen – also vom Labor- zum Massentest – und die jeweiligen Inhalte festgelegt. Der ursprünglich festgelegte Zeitplan war nach dem Dafürhalten der KZBV von Anfang an völlig unrealistisch. Das Ministerium ist inzwischen vom ursprünglichen Zeitplan abgerückt, der Zeitdruck wird allerdings unverändert aufrecht erhalten. Dies führt dazu, dass die aus den Testregionen gemeldeten Ergebnisse nur unzureichend in die jeweils nächste Phase einfließen können. Durch die Überlappung der Testabschnitte ist es nicht möglich, dass Erfahrungen aus dem vorhergehenden Abschnitt ausreichend berücksichtigt werden können. Während die eine Anwendung noch im Feld getestet wird, befinden sich die nächsten Anwendungen bereits in Labor- und Feldtests. Nachbesserungen können daher kaum stattfinden. Kommentierungen, die für die Beteiligten nach der Rechtsverordnung vorgesehen sind, finden de facto ebenfalls kaum statt, da die vorgegebenen Fristen eine fundierte Prüfung der Konzepte nicht ermöglichen. Die KZBV verbindet mit diesem Vorgehen die Sorge, dass die Anwendungen vor ihrer flächendeckenden Einführung nicht so getestet und in ihren Abläufen optimiert werden, wie sie es für notwendig erachten würde. Anwendungen, die nicht reibungslos funktionieren oder sich nicht in die Abläufe in einer Zahnarztpraxis integrieren lassen, werden jedoch keine Akzeptanz bei den Anwendern – also den niedergelassenen Zahnärzten – finden. Es ist bereits jetzt in den Testregionen erkennbar, dass dort die Akzeptanz der – ursprünglich sehr motivierten – Teilnehmer spürbar nachlässt. Dies wird zumindest in diversen Veranstaltungen von Vertretern einzelner Testregionen berichtet.

Da keine niedergelassenen Zahnärzte an den Feldtests teilnehmen, liegen der KZBV selbst keine Erfahrungen aus Zahnarztpraxen vor. Die Entscheidung zur Nichtteilnahme an den Feldtests wurde aus Kosten-Nutzen-Betrachtungen heraus von der Gesellschafterversammlung getroffen und auch vom BMG so bestätigt.

Das Akzeptanzproblem wird aus Sicht der KZBV noch gravierender, wenn man sich zusätzlich vor Augen hält, dass die Anwender – in diesem Fall die Zahnärzte – erwiesenermaßen und gutachterlich belegt kaum einen Nutzen aus den eGK-Anwendungen ziehen können.

Für die KZBV stellen sich im Zusammenhang mit den derzeit laufenden Testmaßnahmen die nachfolgenden rechtlichen Fragen. Seit Inkrafttreten der Rechtsverordnung – d. h. seit nunmehr über drei Jahren – arbeitet die gematik faktisch unter Weisung des BMG. Konkret ist vom BMG ein so genanntes „Architekturboard" eingerichtet worden, das – unter Vorsitz des BMG – das Entscheidungsgremium der gematik bildet. Gemäß Rechtsverordnung obliegt dem BMG jedoch nur die Festlegung von Inhalt und Funktionsumfang der Testungen. Die detaillierten fachlichen Entscheidungen des Architekturboards gehen aus Sicht der KZBV weit über die dem BMG zustehende Rechtsaufsicht hinaus.

Als Beispiel möchte ich die Weisung des BMG anführen, eine Organspendeerklärung im Rahmen der Notfalldaten auf der eGK zu speichern. Alle Heilberufsorganisationen haben sich seinerzeit gegen ein solches Vorgehen ausgesprochen, da ein Arzt erst dann Kenntnis über eine eventuelle Organspendebereitschaft haben darf, wenn der Tod des Patienten festgestellt worden ist. Das BMG hat daraufhin verfügt, dass nicht zwingend eine Erklärung aufzunehmen ist, sondern auch ein Hinweis auf das Vorliegen einer Erklärung aufgenommen werden darf, wenn die Speicherung der Erklärung selbst nicht gewünscht ist. Die KZBV vertritt hierzu die Auffassung, dass auch bereits der Hinweis auf das Vorliegen einer Erklärung schon als Indiz für eine Organspendebereitschaft des Patienten zu werten ist und lehnt dies daher ebenfalls ab. Hinzu kommt, dass die Notfalldaten naturgemäß durch den Arzt signiert werden. Sofern eine Organspendeerklärung im Rahmen der Notfalldaten auf der eGK gespeichert wird, wird diese also ebenfalls vom Arzt signiert – obwohl sie eigentlich der Patient unterschreiben müsste. Haftungsrechtliche Konsequenzen und Änderungsmöglichkeiten für den Patienten – sofern eine Meinungsänderung zur Organspendebereitschaft erfolgt – sind nach Ansicht der KZBV bei dieser Konzeption völlig unklar.

Nun möchte ich zum nächsten Thema übergehen – dem so genannten *Basis-Rollout*, mit dem die eGK in den nächsten Monaten flächendeckend ins Feld gebracht werden soll.

Die mit dem Basis-Rollout verknüpfte Funktionalität beschränkt sich auf das Auslesen der Versichertenstammdaten – analog dem heutigen Verfahren mit der Krankenversichertenkarte.

Aus Sicht der KZBV erfolgte die Planung des Basis-Rollouts ebenfalls auf Druck des Ministeriums, das – seit etwa Mitte 2007 – bereits den Rollout der eGK ankündigte. Die Gesellschafter der gematik haben daraufhin im Oktober 2007 den Rollout beschlossen, dabei aber eine Reihe von Rahmenbedingungen formuliert, deren Umsetzung aufgrund des auch hier politisch motivierten und von vornherein unrealistischen Zeitplanes zumindest nicht mehr in allen Punkten der Intention der Gesellschafter zum Zeitpunkt der Beschlussfassung entspricht.

Sowohl der Rollout selbst als auch das von der gematik konzipierte Verfahren findet nicht die Zustimmung der KZBV. Der Rollout selbst ist nach ihrem Dafürhalten verfrüht, da maßgebliche Testergebnisse noch nicht vorliegen. Es gibt beispielsweise immer noch keine verlässlichen Informationen, wie lange das Einlesen von Versichertenstammdaten aus der eGK tatsächlich dauert. Weder die für den Rollout vorgesehene Generation der elektronischen Gesundheitskarte noch die entsprechenden Kartenlesegeräte sind bisher in den Testregionen zum Einsatz gekommen. Einerseits ist dies sicherlich auf die utopischen Zeitvorgaben zurückzuführen, die eine geordnete Projektarbeit kaum ermöglichen. Andererseits ist etwas mehr Standfestigkeit der gematik bei der Durchsetzung realistischer Projektpläne wünschenswert. Dies wird von allen Beteiligten bereits seit Monaten gefordert.

Auch das als Zwiebelschalenmodell bekannte Verfahren zur Ausstattung der Praxen und der Ausgabe der eGK, das allein dem politischen Ziel der frühzeitigen Ausgabe der Karte dient, ist aus Sicht der KZBV nachteilig. Nach diesem Modell sollen zunächst die Arzt- und Zahnarztpraxen in Nordrhein und den angrenzenden Bundesländern ausgestattet werden. Anschließend soll in Nordrhein bereits mit der eGK-Ausgabe begonnen werden, noch bevor alle Praxen bundesweit ausgestattet sind. Das bedeutet, dass Versicherte, die in nicht ausgestatteten Praxen ihre eGK vorlegen und nicht ersatzweise ihre Krankenversichertenkarte mit sich führen, aufgrund des nicht vorliegenden Versicherungsnachweises der Behandlung entweder auf privater Basis zustimmen müssen oder die Behandlung zu diesem Zeitpunkt nicht in Anspruch nehmen können.

Die KZBV begrüßt es, dass die gematik eine Überarbeitung der Planung angekündigt hat. Auf die Intervention der KZBV hin ist auch das Zwiebelschalenmodell soweit in der Diskussion, dass es möglicherweise nicht für alle Sektoren zwingend vorgegeben wird.

Die Zahnärzteschaft hat den Basis-Rollout im Juni dieses Jahres abgelehnt, da sie die entstehenden Kosten als nicht gerechtfertigt betrachtet. Ein nennenswerter Mehrwert ist für die KZBV nicht erkennbar. Selbst das in diesem Zusammenhang immer angeführte, auf der eGK aufgebrachte Lichtbild wird nach Auffassung der KZBV einen Missbrauch nicht vollständig ausschließen können – zumal die Identifizierungsverfahren der Krankenkassen beim Einsammeln der Lichtbilder bei ihren Versicherten in keinster Weise standardisiert sind – also keinem vorgegebenen Sicherheitsstandard genügen müssen. Darüber hinaus befürchtet die KZBV einen erhöhten Aufwand in den Zahnarztpraxen, wenn z. B. in Zweifelsfällen der Personalausweis als zusätzliche Legitimation verlangt werden muss, der Patient diesen jedoch nicht dabei hat.

In ihren vertraglichen Vereinbarungen mit dem GKV-Spitzenverband hat die KZBV versucht, die niedergelassenen Zahnärzte mit den Festlegungen zu schützen, dass eine eGK nur mit aufgebrachtem Lichtbild einen gültigen Versicherungsnachweis darstellt, und dass, falls eine eGK dennoch missbräuchlich vorgelegt wurde, eine Abtretung des Vergütungsanspruches an die Krankenkasse erfolgt.

Zu den rechtlichen Implikationen möchte ich des Weiteren und im Zusammenhang mit dem Basis-Rollout zwei Punkte ansprechen. Zunächst ist festzustellen, dass der Basis-Rollout *nicht* Bestandteil der geltenden Rechtsverordnung ist. Dennoch werden im „Architekturboard" – dem im Zusammenhang mit der Rechtsverordnung vom BMG in der gematik installierten Entscheidungsgremium – Fachentscheidungen auch zum Basis-Rollout getroffen. Exemplarisch sind in diesem Zusammenhang die Festlegung von Spezifikationen – sei es die technische Spezifikation für die Generation 1 der elektronischen Gesundheitskarte oder auch die Spezifikation mobiler Kartenterminals – zu nennen. Zum Teil wird der Inhalt von Spezifikationen festgelegt, d. h. im IT-Jargon „eingefroren", obwohl fachliche Diskussionen noch nicht abgeschlossen sind.

Für die KZBV als Gesellschafter der gematik sind die Unterschiede zwischen der Arbeit der gematik am Testverfahren, das von der Rechtsverordnung bestimmt wird, und dem Basis-Rollout, der von dieser *nicht* umfasst wird, nicht mehr wahrnehmbar. Aus Sicht der KZBV stellt sich hier die Frage, wo die rechtliche Grundlage für dieses Vorgehen seitens des BMG gesehen wird.

Als weiteren Punkt möchte ich die schützenswerten Versichertendaten ansprechen. Hierunter sind Versichertendaten zu verstehen, die einen Aufschluss über die soziale oder finanzielle Situation des Versicherten geben, wie z. B. der Zuzahlungsstatus, oder die Rückschlüsse auf den gesundheitlichen Zustand des Versicherten erlauben, wie die Teilnahme an einem Disease Management Programm. Diese sollen in der eGK nicht frei auslesbar sein. Der Bundesbeauftragte für den Datenschutz und die Informationsfreiheit (BfDI) hat seinerzeit einer übergangsweisen Speicherung dieser Daten ohne Zugangsschutz zugestimmt, ohne aber eine konkrete Frist zu benennen. Im Kontext wurde dies von der KZBV dahin gehend verstanden, dass der freien Auslesbarkeit der Daten für die Dauer der Testverfahren zugestimmt wurde. Dies solle nunmehr aber für eine unbestimmte Zeit im Zusammenhang mit der bundesweit flächendeckenden Ausgabe der eGK gelten. Von der KZBV wurde die gematik bereits mehrmals gebeten, eine erneute diesbezügliche Stellungnahme des BfDI im Zusammenhang mit dem jetzt anstehenden Basis-Rollout einzuholen. Dem Vernehmen nach scheint der gematik inzwischen eine Stellungnahme vorzuliegen.

Die KZBV hält eine Lösung, wie die gematik sie anzustreben scheint, für bedenklich, nämlich die schützenswerten Versichertendaten erst dann mit einem Zugriffsschutz zu versehen, wenn bundesweit flächendeckend die technischen Möglichkeiten in den Praxen bestehen, auf diese Daten zuzugreifen. Sie erwartet, dass die gematik ein umfassendes und mit dem BfDI abgestimmtes Konzept vorlegt, bevor der Basis-Rollout in den Zahnarztpraxen beginnt.

Nunmehr möchte ich die Position der KZBV zu den mittelfristig geplanten weiteren Stufen der eGK-Einführung erläutern.

Hier ist zunächst der so genannte *„Online-Rollout"* zu nennen, der die Online-Prüfung und -Aktualisierung der Versichertenstammdaten zum Inhalt hat. Die Unterstützung dieser Funktionalität durch die Leistungserbringer ist per Beschluss der Gesellschafter freiwillig. Auch das BMG hat auf Nachfrage des Beirates der gematik ausgeführt, dass das Gesetz keine entsprechende Verpflichtung vorgibt.

Das BMG geht auch hier mit dem bekannten Druck vor und hat die gematik im Sommer 2008 angewiesen, bis Oktober 2008 einen Beschluss ihrer Gesellschafter zur Umsetzung des Online-Rollouts herbeizuführen. Die Gesellschafter konnten sich jedoch aufgrund der unbefriedigenden Testergebnisse und der bislang unverlässlichen Planung des Basis-Rollouts nicht zu einem entsprechenden Beschluss durchringen. Sie haben stattdessen der gematik aufgetragen, zwar den Online-Rollout konzeptionell zu planen, jedoch parallel und mit gleicher Priorität eine Konsolidierung der Testergebnisse durchzuführen. Darauf aufbauend soll auch das weitere Vorgehen zur Fortführung der Testmaßnahmen geplant werden. Außerdem ist eine verlässliche Planung für den Basis-Rollout vorzulegen.

Das BMG hat des Weiteren der KZBV – und nach ihrer Kenntnis auch der KBV und dem GKV-Spitzenverband – eine Frist für den Abschluss der notwendigen Finanzierungsvereinbarungen gesetzt. Die KZBV hält die gesetzte Frist – März 2009 – jedoch für uneinhaltbar, da die Konzepte für den Online-Rollout noch nicht vorliegen und damit auch die Ausgestaltung der Komponenten noch nicht abschließend geklärt ist. Auch sind Änderungen an der Architektur der Telematik-Infrastruktur nicht auszuschließen, da Tests unter anderem ergeben haben, dass die Übermittlung von elektronischen Rezepten zu lange dauert. Die gematik denkt daher derzeit über Verbesserungen der Performance nach, was Infrastrukturänderungen bedingen könnte.

Aus diesen und weiteren Gründen hat sich die KZBV gegen den Online-Rollout ausgesprochen – zumal mit der Online-Prüfung und -Aktualisierung von Versichertenstammdaten Prozesse in die Zahnarztpraxen verlagert werden, die originär in der Zuständigkeit der Kassen liegen. Der Zahnarzt selbst hat durch die Online-Anbindung keinerlei Nutzen. Die von den Leistungserbringern geforderten Mehrwertanwendungen – wie z. B. der elektronische Arztbrief – sollen aus Zeitgründen erst nachgelagert realisiert werden oder werden bisher gar nicht geplant – z. B. die Angabe eines Zuzahlungsstatus für Zahnersatz.

Auf der anderen Seite sind aber hohe technische und finanzielle Aufwände in den Praxen erforderlich, um die notwendigen Komponenten in die bestehende EDV einzubinden. Die bestehende EDV muss aufgerüstet oder im Extremfall komplett erneuert werden.

Die Zahnärzteschaft hat daher im Oktober 2008 die Online-Anbindung der Zahnarztpraxen abgelehnt.

Im Zusammenhang mit den rechtlichen Fragen, die sich zu diesem Teilprojekt stellen, tritt auch wieder das Grundproblem auf – nämlich: Wie ist die Rechtsstellung der gematik?

Die Gesellschafter haben hier eine ex ante-Beschlussvorgabe durch das BMG an die gematik erfahren dürfen, obwohl das Gesetz nur ein Beanstandungsrecht für Beschlüsse der Gesellschafterversammlung vorsieht „soweit sie gegen Gesetz oder sonstiges Recht verstoßen". Eine Prüfung der Zweckmäßigkeit ist nicht vorgesehen. Außerdem gibt es die Möglichkeit der Ersatzvornahme, wenn die Gesellschafter erforderliche Beschlüsse nicht in angemessener Zeit fassen.

Auch die Fristsetzung des BMG für den Abschluss einer Finanzierungsvereinbarung zur Online-Anbindung ist aus Sicht der KZBV in Frage zu stellen. Das Gesetz sieht weder die Anwendung „Online-Aktualisierung der Versichertenstammdaten" noch eine Online-Anbindung der Leistungserbringer explizit vor.

Datenschutzrechtlich sieht die KZBV nach wie vor die Gefahr der Erstellung von Bewegungsprofilen der Patienten. Zwar ist die Forderung der Leistungserbringer nach einer Anonymisierung des Arzt- und Zahnarztbezuges von der gematik inzwischen umgesetzt worden. Der Patientenbezug bleibt jedoch erhalten. Damit bekommen die Krankenkassen zeitnah – und zwar im Vorfeld der Behandlung – Kenntnis über Zeitpunkt und Häufigkeit von Arztbesuchen ihrer Versicherten – eine Information, die sie heute erst nachgelagert im Rahmen der Abrechnung erhalten.

Als *weitere Anwendungen*, die § 291a SGB V für die eGK vorgibt, sind beispielhaft die Übertragung von elektronischen Rezepten, die Speicherung von Notfalldaten auf der eGK und langfristig auch die elektronische Patientenakte zu nennen. Zu den Anwendungen eRezept und Notfalldaten-Management finden derzeit die Feldtests statt. Ein offizieller Bericht der gematik zu den diesbezüglichen Ergebnissen liegt, wie eingangs ausgeführt wurde, noch nicht vor. Jedoch gibt es zahlreiche Forderungen der Testregionen nach einer Optimierung der Prozesse, die auch der gematik seit längerer Zeit bekannt sein dürften.

Eine Projektplanung zur flächendeckenden Einführung des eRezeptes und der freiwilligen Anwendungen liegt bisher ebenfalls nicht vor. Die Weiterführung der Tests ist nach Ansicht der KZBV im Hinblick auf die laufenden Rollout-Planungen in der heutigen Form nicht praktikabel. Für die weiteren Planungen müssen die heutigen Abläufe in der Praxis stärker berücksichtigt werden. Außerdem besteht seitens der KZBV der Wunsch, dass die Konzepte auch bezüglich ihres tatsächlichen Betriebes analysiert werden – das heißt, dass auch mögliche Betreibermodelle untersucht und bewertet werden müssen. Die Diskussion darüber, wo die Daten letztendlich gespeichert werden, findet in der Öffentlichkeit statt und muss aufgenommen werden.

Die KZBV begrüßt daher die Planung der gematik, die Testverfahren neu zu konzipieren, und hofft, dass diese Konzeption unter Einbeziehung der Beteiligten erfolgt. Es ist in diesem Zusammenhang die Frage zu stellen, wie eine solche Planung vor dem Hintergrund angegangen werden kann, dass die Testmaßnahmen in ihrer derzeitigen – ungünstigen – Konstellation detailliert in einer geltenden Rechtsverordnung festgelegt sind.

Die KZBV fordert von der gematik daher eine umfassende Planung der nächsten drei bis vier Jahre. Diese muss sowohl die Neukonzeption der Testverfahren unter den geltenden Rahmenbedingungen als auch den Ablauf des Basis-Rollout und darauf aufbauend die Darstellung des geplanten Online-Rollouts umfassen und sollte sehr zeitnah vorgelegt werden – spätestens bis Ende des Jahres 2008.

Die Vertreterversammlung der KZBV hat gefordert, „das Projekt eGK näher am medizinischen Bedarf und an der medizinischen Praxis auszurichten". Denn derzeit scheint der Nutzen der geplanten Anwendungen eher zweifelhaft. Ärzte und Zahnärzte kritisieren die – datenschutzrechtlich erforderliche! – Möglichkeit, Einträge zu verbergen. Da die Nutzung der Anwendungen für die Patienten freiwillig ist, ist auch der vom BMG immer wieder angeführte Nutzen der Erhöhung der Wirtschaftlichkeit und der Verbesserung der Patientenversorgung nur schwer quantifizierbar.

Unzweifelhaft sind aber die nachgewiesenen hohen Aufwände in den Praxen und die erwarteten Kosten des Aufbaus der erforderlichen Infrastruktur.

Im zahnärztlichen Umfeld gibt es nur sehr vereinzelt Vorfälle, die eine Kommunikation mit anderen – z. B. einem Kieferorthopäden – erfordern. Hier stellt sich die Frage, ob diese vereinzelten Kommunikationsbeziehungen tatsächlich eine derart umfassende und flächendeckende Infrastruktur erfordern oder auch nur rechtfertigen.

Von den wirtschaftlichen Dimensionen einmal abgesehen ist aber auch zu hinterfragen, wie sich zukünftig das Zahnarzt-Patienten-Verhältnis verändern wird. Es ist durchaus vorstellbar und zu befürchten, dass das persönliche Gespräch weitgehend durch einen – mehr oder weniger langen – Blick in die elektronische Patientenakte ersetzt wird. Die diesbezüglichen Veränderungen, die die eGK mit sich bringen kann, werden in einer Arztpraxis aller Wahrscheinlichkeit nach spürbarer werden als im zahnärztlichen Bereich.

Zusammenfassend bleibt aber die Befürchtung der Zahnärzteschaft, dass Politik und Krankenkassen versuchen werden, langfristig die vom Datenschützer geforderte Freiwilligkeit für die Patienten durch eine Verpflichtung zu ersetzen, um die Nachteile der Einführung der eGK durch eine Erhöhung des Nutzens zu kompensieren.

Gleiches gilt für die Ärzte. Diese Befürchtungen gründen auf Berichten aus dem skandinavischen Raum. In Finnland wird beispielsweise Ärzten, die Online-Anwendungen nicht unterstützen, bereits ein Prozentsatz des Honorars abgezogen. Dies wurde mit dem Begriff der „goldenen Zügel" umschrieben. Aus meiner Sicht ist es nach dem Aufbau der teuren Infrastruktur nur eine Frage der Zeit, wann diesem Beispiel in Deutschland gefolgt werden wird.

Zahlreiche wesentliche Punkte sind aus Sicht der KZBV noch offen, wie etwa der Abschluss der Konzepte für Betreibermodelle, der Datenerhalt (z. B. bei Verlust der eGK) und die Zugriffskontrolle des Versicherten. Konzepte zur Vergabe von Zugriffsrechten auf die eGK-Daten durch den Versicherten liegen zwar vor, fraglich ist jedoch, ob sie in ihrer Komplexität umsetzbar sind und ob der Versicherte damit nicht überfordert ist.

Zusammenfassend ist zu betonen, dass vor Einführung der freiwilligen Anwendungen alle offenen Punkte geklärt werden müssen. Insbesondere müssen verlässliche und datenschutzrechtlich unbedenkliche Konzepte zum Datenerhalt bei einem Kartenwechsel entwickelt und mit allen Beteiligten konsentiert werden. Dort wo neue Prozesse in den Arzt- und Zahnarztpraxen installiert werden sollen – zu nennen ist hier beispielhaft die derzeit diskutierte PIN-Initialisierung – sind bereits zum Zeitpunkt der Konzeption die zuständigen Vertragspartner in die Diskussion einzubeziehen.

Bei der Initialisierung der PIN für die eGK, die in der Arzt- oder Zahnarztpraxis stattfinden soll, stellt sich außerdem die Frage, welche Konsequenzen zu erwarten sind, wenn eine Identifizierung fehlerhaft ist. Das heißt, der Zahnarzt verhilft einem Unberechtigten dazu, mittels der PIN auf eine eGK zuzugreifen. Bei der Wahrscheinlichkeitsbetrachtung für diesen Vorfall ist zu berücksichtigen, dass die Krankenkasse in der Regel keinerlei Identifizierungsverfahren bei der Beschaffung der Lichtbilder, die auf der eGK aufgebracht werden, vorsehen.

Mit der Einführung der freiwilligen Anwendungen und schlussendlich der elektronischen Patientenakte sieht die KZBV auch haftungsrechtliche Fragen, die einer Klärung zugeführt werden müssen und die hier vom Referenten nur aufgeworfen werden: Ist der Zahnarzt verpflichtet, sämtliche Daten einer ggf. über Jahre gewachsenen elektronischen Patientenakte zu würdigen? Welche Konsequenzen sind zu erwarten, wenn er einen Eintrag übersieht? Möglicherweise ist ein relevanter Eintrag auch zum Zeitpunkt der Einsichtnahme verborgen – inwieweit muss er hierzu Dokumentationen und Nachweise führen?

Auch die rechtlichen Rahmenbedingungen bezüglich einer drohenden Beschlagnahmung der elektronisch gespeicherten Daten sind unklar. Auf Nachfrage des Beirates der gematik hat das Justizministerium zwar ausgeführt, dass sich das Beschlagnahmeverbot, dem die in der Arzt- oder Zahnarztpraxis befindlichen Daten unterliegen, zwar auch auf Daten erstreckt, die bei Dienstleistern des Arztes respektive Zahnarztes gespeichert sind. Wie ausgeführt wurde, sind aber Betreibermodelle noch nicht abschließend geklärt, so dass durchaus vorstellbar ist, dass Betreiber von elektronischen Patientenakten Dienstleister von Patienten oder auch von deren Krankenkassen sind. Denkt man an das elektronische Patientenfach, in dem der Versicherte eigene Daten – z. B. eine Patientenverfügung – ablegen kann, so ist eine Vertragsbindung zwischen Betreiber und Versichertem noch wahrscheinlicher. Um seine Daten selbst einsehen zu können, bleibt aufgrund der strikten gesetzlich vorgegebenen Zugriffsrechte dem Patienten aber nur die Möglichkeit, seine gesamte elektronische Patientenakte ebenfalls in das Patientenfach kopieren zu lassen. Wie sieht es hier mit dem Beschlagnahmeschutz aus?

Ich möchte mit der Frage nach der generellen Rechtsstellung der gematik schließen. Die Gründung der gematik ist den Spitzenorganisationen des Gesundheitswesens in § 291a Absatz 7 vorgegeben. § 291b regelt Eckpunkte der

Gesellschaft, unter anderem auch eine Informationspflicht gegenüber dem Bundesministerium. Im Übrigen gilt nach allgemeiner Auffassung aber GmbH-Recht. In meinem Vortrag habe ich anhand zahlreicher Beispiele ausgeführt, wie das Ministerium das Handeln der gematik bis in kleinste Details vorgibt oder zumindest mitbestimmt (z. B. Speicherung eines Hinweises auf den Speicherort der Organspendeerklärung in den Notfalldatensatz auf der eGK; „Einfrieren" der technischen Spezifikation der eGK durch das Architekturboard vor Abschluss fachlicher Diskussionen). Es stellt sich für die KZBV die Frage, inwieweit dieses Vorgehen des Bundesgesundheitsministeriums mit der Rechtslage vereinbar ist.

Zukünftige Ausgestaltung und notwendige rechtliche Voraussetzungen der Infrastruktur der Telematik für die Einführung des HBA, des eGBR und der eGK

Von Brigitte Schmidt-Jähn

Warum besteht die Notwendigkeit für die elektronische Gesundheitskarte, Heilberufsausweise und ein elektronisches Berufsregister für Gesundheitsberufe?

Das Wort „Telematik" setzt sich aus den Wörtern „Telekommunikation" und „Informatik" zusammen. Darunter wird die die Möglichkeit des elektronischen Datenaustausches zwischen verschiedenen Rechnersystemen verstanden. Es beschreibt die Zusammenführung, Verarbeitung und Weitergabe verteilter, u. U. heterogener Datenbestände. Die „Telematik-Infrastruktur" ist die Gesamtmenge der technischen Komponenten, die zur Realisierung einer integrierten Versorgung der Gesellschaft mit medizinischen Dienstleistungen benötigt werden. Eine Telematik-Infrastruktur im Gesundheitswesen ist die Grundlage, um auch in der Medizin interdisziplinär Serviceleistungen erbringen zu können.[1]

Der Datenaustausch und die Kommunikation zwischen den verschiedenen Akteuren im Gesundheitswesen, den Leistungserbringern, wie zum Beispiel den Ärzten, Zahnärzten, Psychotherapeuten, Apothekern, Krankenhäusern, Heil- und Hilfsmittelerbringern, oder den Leistungsempfängern, also den Patienten und auch Kostenträgern, den gesetzlichen und privaten Krankenkassen, wird durch die Telematik-Infrastruktur erleichtert.

Befunde, Diagnosen und Therapien können zwischen den Leistungserbringern ausgetauscht werden und sind immer verfügbar, gleichgültig wo der Patient behandelt wird.

Kostenträger, Leistungserbringer und Patienten sollen künftig möglichst immer die aktuellen Informationen zur Verfügung haben.

Die derzeitige Situation besteht aus Insellösungen von telematischen Anwendungen. Diese sind gekennzeichnet durch Kostenintensität, mangelnde Interoperabilität und mangelhafte Transparenz.

---

[1] gematik_ZV_glossar.

Zweifellos besteht im Gesundheitswesen ein Bedarf für den Ausbau telematischer Anwendungen auf einer einheitlichen Plattform.

Mein Vortrag wird sich mit einem Segment dieser Plattform befassen, nämlich den notwendigen Vorgaben und Strukturen für die Ausgabe der Heilberufs- und Berufsausweise an die Personen im Gesundheitswesen, die nach den Vorgaben des § 291a SGB V auf die elektronische Gesundheitskarte zugreifen müssen, und in diesem Zusammenhang mit den Aufgaben der Länder.

Die elektronische Gesundheitskarte (eGK) ist der Schlüssel für eine Vielzahl von Anwendungen, die die medizinische Versorgung und die Qualität der Behandlungen verbessern sollen und künftig Basis für die Kommunikation zwischen den Akteuren im Gesundheitswesen sein wird.

Die Einführung der elektronischen Gesundheitskarte (eGK) auf der rechtlichen Grundlage des § 291a SGB V wird als die Basisinnovation für die Zukunft des Gesundheitswesens in Deutschland dargestellt. Voraussetzung für den Zugriff auf die Daten der elektronischen Gesundheitskarte und der künftigen mit ihr zusammenhängenden Anwendungen ist ein Heilberufsausweis oder ein Berufsausweis.

Welche Aufgabe haben die Länder zu erfüllen, damit die Heilberufsausweise und Berufsausweise ausgegeben werden können?

Die elektronische Gesundheitskarte nach § 291a SGB V und die auf ihr oder über sie nutzbar gemachten medizinischen Informationen können grundsätzlich verwendet werden, wenn die entsprechende Person des Gesundheitswesens über einen Heilberufsausweis oder Berufsausweis verfügt. Der Zugriff auf Daten sowohl nach Abs. 2 Satz 1 Nr. 1 (eRezept) als auch nach Abs. 3 Satz 1 (freiwillige Angaben) mittels elektronischer Gesundheitskarte darf nur in Verbindung mit einem elektronischen Heilberufsausweis, im Falle des Abs. 3 Satz 1 Nr. 1 (Daten der Notfallversorgung) auch in Verbindung mit einem Berufsausweis erfolgen. Beide, sowohl der Heilberufsausweis als auch der Berufsausweis, die die künftige Basis für die Kommunikation zwischen den Akteuren im Gesundheitswesen sein werden, müssen jeweils über eine Möglichkeit zur sicheren Authentifizierung (ein Lichtbild) und über eine qualifizierte elektronische Signatur verfügen (§ 291a Abs. 5 Satz 3 SGB V).

Damit wird deutlich, dass *ohne einen elektronischen Heilberufs- oder Berufsausweis (HBA/BA) die elektronische Gesundheitskarte nicht nutzbar* ist.

Doch wie sind die Aufgaben der Bundesländer in diesem Zusammenhang ausgestaltet?

Die für die Herausgabe der elektronischen Heilberufs- und Berufsausweise zuständigen Stellen werden nicht durch Bundesrecht oder die Selbstverwaltung der Gesundheitseinrichtungen oder die gematik bestimmt, sondern gemäß § 291a Abs. 5a Satz 1 Nrn. 1 und 2 SGB V von den Ländern.

Diese gesetzgeberische Grundentscheidung im SGB V setzt an der Aufsichtszuständigkeit der Länder über die Landeskammern der Heilberufe und über die Gesundheitsfachberufe an und erfordert ein entsprechendes Handlungskonzept der Bundesländer.

Gemäß § 291a Abs. 5a Satz 1 SGB V bestimmen die Länder – entsprechend dem Stand des Aufbaus der Telematikinfrastruktur –
1. die Stellen, die für die Ausgabe elektronischer Heilberufs- und Berufsausweise zuständig sind,
2. die Stellen, die bestätigen, dass eine Person
   a) befugt ist, einen der von Abs. 4 Satz 1 erfassten Berufe im Geltungsbereich dieses Gesetzes auszuüben oder, sofern für einen der in Abs. 4 Satz 1 erfassten Berufe lediglich die Führung der Berufsbezeichnung geschützt ist, die Berufsbezeichnung zu führen oder
   b) zu den sonstigen Zugriffsberechtigten nach Abs. 4 gehört.

Die Länder können zur Wahrnehmung der Aufgaben nach Satz 1 gemeinsame Stellen bestimmen (§ 291a Abs. 5a Satz 2 SGB V).

Entfällt die Befugnis zur Ausübung des Berufs, zur Führung der Berufsbezeichnung oder sonst das Zugriffsrecht nach § 291 Abs. 4 SGB V, hat die jeweilige Stelle nach Satz 1 Nr. 2 oder Satz 2 die herausgebende Stelle in Kenntnis zu setzen; diese hat unverzüglich die Sperrung der Authentifizierungsfunktion des elektronischen Heilberufs- oder Berufsausweises zu veranlassen (§ 291a Abs. 5a Satz 3 SGB V).

Natürlich verfolgen die Länder in ihren Aktivitäten zur Einführung der eGK gleichzeitig aber auch das Ziel, die Akzeptanz dieser Innovation zu fördern. Sie unterstützen die sieben Testregionen in den Bundesländern und engagieren sich hierbei aktiv. Damit versuchen sie, die Tests der elektronischen Gesundheitskarte, der Heilberufsausweise und der Anwendungen, wie zum Beispiel das eRezept, die Notfalldaten und die ePA, voranzubringen und bei der Bevölkerung und den Leistungserbringern die Akzeptanz für dieses Gesamtprojekt zu fördern.

Die Länder haben bereits seit Jahren eine Bund-Länder-Arbeitsgruppe „Telematik im Gesundheitswesen" und Unterarbeitsgruppen dieser BLAG eingerichtet. Dort beraten sie, wie die Einführung der eGK gefördert werden kann und bereiten die rechtlichen Entscheidungen der Länder vor. Dabei sehen die Länder die eGK und den Heilberufsausweis als Schlüssel für alle Anwendungen der eGK und gleichzeitig als die nach außen sichtbaren zentralen Instrumente der Telematik-Infrastruktur.

Welche Rechtsgrundlagen sind für die Erfüllung der Aufgabe nach § 291a SGB V also für die Ausgabe der Heilberufsausweise und der Berufsausweise erforderlich?

Zuerst mussten sich die Länder darüber im Klaren werden, für welchen Personenkreis der Zugriff auf die elektronische Gesundheitskarte geregelt werden muss, das heißt wer einen Heilberufsausweis oder einen Berufsausweis braucht.

Dieser Personenkreis, der sehr heterogen und differenziert ist, ist in § 291a Absätze 3 und 4 SGB V genannt. Die Bund-Länder-Arbeitsgruppe hat daher eine sogenannte Berufematrix erstellt, an Hand derer auch unterschiedliche Ausgabekonzepte für den Heilberufausweis und Berufsausweis oder den sonstigen Zugriff auf die eGK entwickelt wurden:

- Zuerst listet das Gesetz die Ärzte, Zahnärzte, Apotheker, Psychotherapeuten und Kinder- und Jugendpsychotherapeuten auf. Dabei handelt es sich um die Angehörigen der akademischen Heilberufe. Ein Ausgabekonzept für diese Berufe zu entwickeln war relativ einfach, da sich die entsprechenden Heilberufskammern hierfür angeboten haben. Um eine Rechtsgrundlage für die Ausgabe der Heilberufsausweise zu schaffen, haben die Länder ihre Heilberufekammergesetze geändert und die Kammern für Heilberufe ermächtigt, den Heilberufsausweis an ihre Mitglieder herauszugeben. Im Einzelnen wurden in die im Folgenden genannten Normen in den Bundesländern geschaffen:

    BB § 2 Abs. 1 Nr. 11 HeilBerG, BE § 4 Abs. 7 Berliner Kammergesetz, BW § 4 Abs. 1 Nr. 12 HBKG, HB § 8 Nr. 7 HeilBerG, HE § 5 Abs. 1 Nr. 7 Heilberufsgesetz, HH § 6 Abs. 1 Nr. 9 HmbKGH, MV § 4 Abs. 1 Nr. 13 HeilBerG, NI § 9 Abs. 1 Nr. 10 HKG, NW § 6 Abs. 1 Nr. 11 HeilBerG, SA § 5 Abs. 1 Nr. 9 KGHB-LAS, SH § 3 Abs. 1 Nr. 7 HBKG, SL § 4 Abs. 1 Nr. 14 SHKG, SN § 5 Abs. 1 Nr. 11 SächsHKaG, TH § 5 Abs. 1 Nr. 7 ThürHeilBG (es fehlen BY und RP).

    Für die Ärzte sind die Landesärztekammern Herausgeber der elektronischen Heilberufsausweise. Hierfür werden sie auch bestätigen, dass der Arzt/die Ärztin berechtigt ist, den Beruf in Deutschland auszuüben.

    Aber weder die Landesärztekammern noch die Bundesärztekammer werden die Aufgabe des Zertifizierungsdienstanbieters im Sinne des SigG übernehmen. Vielmehr verfolgt man ein sogenanntes „marktoffenes Modell". So werden die Landesärztekammern am Markt tätige kommerzielle, nach dem deutschen Signaturgesetz tätige Zertifizierungsdienstanbieter zur Herstellung der Heilberufsausweise zulassen. Die qualifizierten Signaturzertifikate werden alsdann von den zugelassenen Zertifizierungsdienstanbietern nach Beauftragung durch den Arzt und Bestätigung des Berufsattributes durch die zuständige Ärztekammer ausgestellt, auf dem Heilberufsausweis aufgebracht und an den Arzt ausgegeben.

In gleicher Weise werden wohl die Zahnärztekammern und die Psychotherapeutenkammern vorgehen.

Die Apotheker werden ebenfalls über die Landesapothekerkammern als Herausgeber ihre Heilberufsausweise erhalten, planen allerdings einen eigenen Zertifizierungsdienstanbieter.

Im Weiteren werden von § 291a SGB V die Apothekerassistenten, Pharmaingenieure, Apothekenassistenten, die berufsmäßigen Gehilfen, Personen, die im Krankenhaus tätig sind, Personen, die zur Vorbereitung auf den Beruf tätig sind, soweit dies ... notwendig ist und ... unter Aufsicht geschieht, und die sonstigen Erbringer ärztlich verordneter Leistungen insgesamt genannt.

In der Feststellung, um welchen Personenkreis es sich hierbei handelt, und in deren Strukturierung lag für die Länder ein Problem. Die Strukturierung und Beurteilung des Bedarfes eines Heilberufs- oder Berufsausweises sieht nach Auffassung der Länder folgendermaßen aus:

- Der Personenkreis, der als Mitarbeiterin oder Mitarbeiter in den Praxen, Apotheken, und sonstigen Einrichtungen der akademischen Heilberufler arbeitet, wird in der Regel keinen eigenen Heilberufs- oder Berufsausweis benötigen. Man spricht dabei von den sogenannten „betreuten Berufen".

  Es handelt sich dabei überwiegend um Medizinische Fachangestellte, Pharmazeutisch-kaufmännische Angestellte, und Zahnmedizinische Fachangestellte.

  Diese werden mit sogenannten SMCs – Security Module Cards – Sicherheitsmodulkarten ausgestattet und werden über den Heilberufsausweis des Praxis- oder Apothekeninhabers auf die Daten der eGK zugreifen können.

  Die Länder brauchen für diesen Personenkreis keine rechtlichen Grundlagen zu schaffen.

- Die nächste Gruppe ist der Personenkreis der Krankenhausmitarbeiterinnen und Krankenhausmitarbeiter. Hierbei sind vom Grundsatz nicht die in den Krankenhäusern tätigen akademischen Heilberufler gemein, da diese im Rahmen eines abgestuften Berechtigungskonzeptes mit ihrem von ihrer Kammer ausgegebenen HBA auf die Daten der eGK zugreifen können. Die übrigen sehr differenzierten Krankenhausmitarbeiter/innen sollen nach der derzeitigen Planung mit Institutionskarten ausgestattet werden und können im Rahmen der notwendigen Zugriffsberechtigung der Institution Krankenhaus – „Prinzipalmodell" – auf die Daten der eGK zugreifen. Möglicherweise wird man aber auch die akademischen Mitarbeiter/innen mittels Institutionskarten unter dem Hut des „Prinzipals" auf die Daten der eGK zugreifen lassen. Für alle Zugriffe auf die Daten der eGK im Krankenhaus wird jedoch zu beachten sein, dass der Zugriff im Rahmen eines differenzierten Berechtigungskonzeptes zu organisieren sein wird. Dazu entwickelt die DKG derzeit zusammen mit einem Partner ein benutzergeführtes Berechtigungskonzept.

Auch für diesen Personenkreis bedarf es keiner Regelungen für Heilberufs- und Berufsausweise.

- Die letzte Gruppe ist die Gruppe der sogenannten „sonstigen Erbringer ärztlich verordneter Leistungen". Auch dieser Personenkreis wird in einem gewissen Rahmen Zugriff auf die elektronische Gesundheitskarte benötigen. Es sind also rechtliche Rahmenbedingungen zu schaffen. Im Folgenden werde ich auf die Planungen der Länder für diese Personengruppe im Einzelnen eingehen.

Welcher Bedarf an Heilberufs- und Berufsausweisen besteht für den Personenkreis der „sonstigen Erbringer ärztlich verordneter Leistungen"?

Die Ermittlung des Bedarfs für elektronische Heilberufs- und Berufsausweise im Zusammenhang mit der Einführung der elektronischen Gesundheitskarte gestaltete sich für die Bund-Länder-Arbeitsgruppe „Telematik im Gesundheitswesen" außerordentlich schwierig, da es keine detaillierten, nach Berufen, Einrichtungen, Institutionen und Tätigkeit der Beschäftigten im Gesundheitswesen gegliederten Statistiken gibt.

Die BLAG hat daher im Zusammenwirken mit dem Zentrum für Telematik im Gesundheitswesen (ZTG, Nordrhein-Westfalen) im Rahmen einer Bestandsaufnahme eine „Berufematrix" erstellt.

Die BLAG erstellte danach nach Berufsgruppen differenziert ein Mengengerüst für die Anzahl derjenigen, die kurz-, mittel- und langfristig einen elektronischen Heilberufs- oder Berufsausweis benötigen.

Die Festlegung des Mengengerüsts der für die „sonstigen Erbringer ärztlich verordneter Leistungen" auszugebenden Heilberufs- und Berufsausweise gliedert sich in drei zeitversetzte Schritte:

1. *Anfangsbedarf* (eRezept – Lesen/Bearbeiten nach § 291a SGB V)
2. *Mittelfristiger Bedarf* (weitere Anwendungen nach § 291a Abs. 3 SGB V)
3. *Längerfristiger Bedarf* (flächendeckender Auf- und Ausbau der Telematikinfrastruktur)

Auf der Basis der Gesundheitsberichterstattung des Statistischen Bundesamtes 2006 (vgl. insoweit ausgewählte Indikatoren der GBR, www.gbe-bund.de) unter Berücksichtigung von Statistiken der Krankenkassen und vertiefender Angaben der Berufsverbände wurde aus der Gesamtmenge der Beschäftigten im Gesundheitswesen ein Mengengerüst für solche Berufsangehörigen erstellt, die als „sonstige Leistungserbringer im Gesundheitswesen" einzustufen sind. Ausgehend von 4,306 Mio. Beschäftigten im Gesundheitswesen spreche ich hier von 1,262 Mio. Gesundheits(fach)beruflern, 330.000 Beschäftigten in sozialen Berufen und 68.000 Gesundheitshandwerkern, also insgesamt von zirka 1,660 Mio. Fachberuflern, für die im Rahmen eines schrittweisen Aufbaus der Telematikinfrastruktur ein Heilberufs- oder Berufsausweis bedeutsam sein wird.

Der Anfangsbedarf: Zum Lesen und Bearbeiten des eRezeptes, das heißt der Aufgabe, die den Anfangsbedarf an Heilberufs- und Berufsausweisen für die Gruppe der „sonstigen Leistungserbringer" definiert, müssen zirka 110.560 Heil- und Hilfsmittelerbringer-Praxen und -betriebe versorgt werden. Nach Angaben der gesetzlichen Krankenkassen und der Verbände der Heil- und Hilfsmittelerbringer ist zunächst von einem Bedarf von drei bis vier Ausweisen pro zugelassener Einrichtung auszugehen. Die Leiter, Stellvertreter und weitere Fachkräfte müssen in die Lage versetzt werden, pro Jahr 29 Mio. Heilmittelrezepte zu lesen und zu bearbeiten und 200 Mio. Behandlungen durchzuführen. Die BLAG geht davon aus, dass kurzfristig etwa 500.000 „sonstige Leistungserbringer" mit elektronischen Heilberufs- und Berufsausweisen ausgestattet werden müssen. Hinzu kommen bis zu 100.000 Ausweise für Beschäftigte der Home-Care-Unternehmen und des Sanitätsfachhandels.

Mittelfristiger Bedarf: Wie sich heute bereits abzeichnet, werden mittelfristig zu dem eRezept weitere Anwendungen der elektronischen Gesundheitskarte hinzukommen und bedeutsam werden, wie beispielsweise die Notfalldaten und die elektronische Patientenakte. Auch unter Berücksichtigung der Entwicklungen im Gesundheits- und Pflegewesen ist von einem weiteren Bedarf an Ausweisen in Höhe von bis zu 400.000, insbesondere für Pflege- und Altenpflegeberufe auszugehen.

Langfristiger Bedarf: Der längerfristige Bedarf ist heute noch nicht konkret in Zahlen abzuschätzen, da er maßgeblich von der Weiterentwicklung der Telematikinfrastruktur bestimmt werden wird. Viele Institutionen im Gesundheitswesen und die Verbände der Gesundheitsfachberufe sehen weitere Möglichkeiten zur Nutzung der elektronischen Heilberufs- und Berufsausweise über die in § 291a festgelegten Nutzungen hinaus.

Welche Berufe und Personengruppen sind im Einzelnen betroffen?

Aus der auf Veranlassung der Bund-Länder-Arbeitsgruppe erstellten Berufematrix und in Gesprächen mit den Kostenträgern und den Interessenverbänden solcher Berufe hat sich zwischenzeitlich eine Liste der Gesundheitsfachberufe und sonstiger Berufe ergeben, für die von den Ländern die Herausgabe der Heilberufs- und Berufsausweise rechtlich noch zu regeln sein wird. Diese Liste unterliegt einem dynamischen Prozess und ist nicht abschließend. Sie wird ständig weiterentwickelt und auf dieser Liste sind Berufe vorhanden, die mit einem Stern als Prüfvorbehalt versehen sind, ob diese Berufsangehörigen mittelfristig einen Heilberufsausweis oder Berufsausweis benötigen.

Aus der Tatsache, als Berufgruppe auf dieser Liste zu stehen, kann kein Anspruch auf Ausstellung eines Heilberufs- oder Berufsausweises erwachsen.

Die Liste ist gegliedert in:

Bundesrechtlich geregelte Berufe:
1. Altenpfleger/in
2. Diätassistent/in*
3. Gesundheits- und Kinderkrankenpfleger/in
4. Gesundheits- und Krankenpfleger/in
5. Hebamme/Entbindungspfleger
6. Logopädin/Logopäde
7. Masseurin und medizinische Bademeisterin/Masseur und medizinischer Bademeister
8. Medizinisch-technische/r Laboratoriumsassistent/in*
9. Medizinisch-technische/r Radiologieassistent/in*
10. Medizinisch-technische/r Assistent/in für Funktionsdiagnostik*
11. Orthoptistin/Orthoptist*
12. Physiotherapeutin/Physiotherapeut
13. Ergotherapeutin/Ergotherapeut
14. Podologin/Podologe
15. Pharmazeutisch-technische/r Assistent/in*

16. Rettungsassistentin/Rettungsassistent
17. Rettungsassistenten-Praktikant/in*

Landesrechtlich geregelte Berufe:
1. Altenpflegehelferin/Altenpflegehelfer
2. Auszubildende in der Altenpflege*
3. Atem-, Sprech- und Stimmlehrer/in
4. Gesundheits- und Krankenpflegehelfer/in
5. Heilerziehungspfleger/in
6. Rettungssanitäter/in
7. Sozialmedizinische Fachangestellte*
8. Staatlich anerkannte Sprachtherapeut/in
9. Medizinische Sprachheilpädagogin/Medizinischer Sprachheilpädagoge

Handwerksberufe im Gesundheitswesen:
1. Augenoptiker/in
2. Hörgeräteakustiker/in
3. Orthopädieschuhmacher/in
4. Orthopädietechniker/in
5. Occularist/in / Glasbläser/in mit Fachrichtung Kunstaugen (Himi)

Berufe nach dem Berufsbildungsgesetz:
1. Medizinische/r Fachangestellte/r (alte Bezeichnung: Arzthelfer/in)*
2. Pharmazeutisch-kaufmännische/r Angestellte/r*
3. Zahnmedizinische/r Fachangestellte/r (alte Bezeichnung: Zahnarzthelfer/in)*

Universitär oder fachhochschulrechtlich geregelte Berufe im Gesundheitswesen
1. Diplom-Ingenieur/in des Fachbereichs Augenoptik/Diplom-Augenoptiker/in (FH)
2. Oekotrophologin/Oekotrophologe*
3. Diplomingenieur/in für Orthopädie und Rehatechnik
4. Diplom-Ingenieur/in mit Abschluss in medizinisch-technischer Ausrichtung
5. Akademische/r Sprachtherapeut/in

Sonstige Berufsgruppen:
1. Fachmitarbeiter/in in Homecare-Unternehmen*
2. Fachverkäufer/in im Sanitätsfachhandel
3. Kauffrau/Kaufmann für den Sanitätsfachhandel
4. staatlich geprüfte/r Techniker/in der Fachrichtung Medizintechnik
5. Hilfsmittelhersteller/Vertreiber*
6. Stomatherapeutin/Stomatherapeut
7. Perückenmacherin/Perückenmacher*

8. Friseurmeister/in (mit Zusatzqualifikation „Perückenmacher")*
9. Orientierungs- und Mobilitätslehrer/in und ähnliche, ggf. auch Blindenverbände*
10. Blindenführhundschulen*
11. Sanitärfachhändler*

Wie soll die Ausgabe der Heilberufs- und Berufsausweise an diese Berufsangehörigen und Personen organisiert werden? Bedarf es der Gründung eines eGBR?

Natürlich könnten die Länder, jedes Land für sich, die Ausgabe der Ausweise und die Bestätigung des Berufsattributes im Rahmen ihrer Zuständigkeiten regeln und gewährleisten. Es darf dabei aber nicht verkannt werden, dass dies aufgrund der Heterogenität des Berufsspektrums und der Ausstattung der Ausweise mit einer elektronischen Signatur sowohl für die Länder als auch für die Berufsangehörigen mit erheblichen Schwierigkeiten verbunden sein würde. Die Mehrzahl der Berufe ist nicht durch ein Kammerwesen organisiert, und in den Ländern sind die Berufserlaubnisbehörden sehr differenziert und unterschiedlichen Behörden zugewiesen. Bei einzelnen oben aufgeführten Berufsgruppen handelt es sich darüber hinaus nicht um Gesundheits(fach)berufe im eigentlichen Sinne, die aber Leistungen im GKV-System und PKV-System erbringen.

Die Bund-Länder-Arbeitsgruppe hat daher den Vorschlag erarbeitet, ein zentrales elektronisches Beruferegister für Gesundheitsberufe der Länder (eGBR) als rechtsfähige Anstalt des öffentlichen Rechts einzurichten.

Die 80. Gesundheitsministerkonferenz der Länder in Ihrer Sitzung am 04./05. Juli 2007 und die 81. Gesundheitsministerkonferenz in ihrer Sitzung am 02./03. Juli 2008 haben sich grundsätzlich für die Einrichtung eines eGBR ausgesprochen.

Die Errichtung eines elektronischen Berufsregisters für Gesundheitsberufe (eGBR) als gemeinsame Einrichtung der Länder nach § 291a Abs. 5a Satz 1 und 2 SGB V soll durch Abschluss eines Staatsvertrages erfolgen, und zur Vermeidung von Wettbewerbsnachteilen betroffener Leistungserbringer soll mit der Errichtung des eGBR zeitnah begonnen werden. Das eGBR soll zunächst als Registerstelle und virtuelles Trustcenter aufgebaut werden. Dabei hat die Registerfunktion des eGBR im Prozess der Ausweiserstellung die Aufgabe, die Angaben zu den Berufserlaubnissen in den Ländern abzufragen und zu speichern.

Das virtuelle Trustcenter des eGBR wird die Zertifikate erstellen und die eigentlichen Chipkarten im Sinne des Signaturrechts herausgeben. Die technische

Trustcenterfunktion wird – so ist es derzeit angedacht – nicht durch das eGBR selbst, sondern durch einen vertraglich zu bindenden externen Dienstleister realisiert werden.

Das eGBR wird sich vollständig durch kostendeckende Entgelte für Registerauskünfte und für die Ausstellung der persönlichen elektronischen Heilberufs- oder Berufsausweise finanzieren müssen. Dabei ist den Ländern natürlich klar, dass eine Anschubfinanzierung erfolgen muss, die jedoch im Zuge der Ausweiserstellung an die Länder zurückfließen soll.

Offen sind derzeit noch die Sitzlandfrage und Einzelfragen zum Finanzierungskonzept. Es liegen von zwei Bundesländern – Nordrhein-Westfalen und Rheinland-Pfalz – Bewerbungen vor. Zurzeit laufen diesbezüglich interne Abstimmungen.

Wie und wann wird ein „sonstiger Leistungserbringer" einen Heilberufs- oder Berufsausweis erhalten können?

Die Planungen der gematik sehen vor, dass erste Heilberufs- und Berufsausweise für die Heil- und Hilfsmittelerbringer im Jahr 2011 ausgegeben werden sollen.

Die Interessenvertretungen dieser Berufsgruppen fordern die Länder auch sehr bestimmt auf, ihrer Verpflichtung nach § 291a Abs. 5a SGB V nachzukommen und dafür Sorge zu tragen, dass rechtzeitig ein System für die Ausgabe der Ausweise an sie zur Verfügung steht, weil sie befürchten, ansonsten im System der gesetzlichen und privaten Krankenversicherungen Nachteile zu haben, wenn sie von der Telematik-Infrastruktur abgekoppelt wären.

Dies bedeutet für den Fahrplan der Länder, dass nach endgültiger Klärung der Fragen der Vorfinanzierung und des Sitzlandes die Zustimmung der Ministerpräsidenten der Länder einzuholen sein wird. Nach der Ratifizierung des Staatsvertrages, die für das Jahr 2009 angedacht ist, wird man alsbald mit den Gründungsarbeiten im Sitzland beginnen.

Gleichzeitig mit dem Abschluss des Staatsvertrages werden die Länder durch Gesetz oder Rechtsverordnung, wie sie dies für die akademischen, verkammerten Heilberufler in ihren Kammergesetzen getan haben, die Zuständigkeit des elektronischen Berufsregisters für Gesundheitsberufe (eGBR) für die Ausgabe der Ausweise an diese Berufsgruppen regeln müssen. Dafür bleibt ein Zeitfenster im Jahr 2009/2010.

Die Länder werden die Pflicht haben, das eGBR bei dessen Aufgabenerfüllung zu unterstützen.

Hierzu sieht der Entwurf des Staatsvertrages derzeit vor, dass die Länder die erteilten Berufserlaubnisse und Erlaubnisse zur Führung einer Berufsbezeichnung sowie deren Widerrufe, Zurücknahmen, Entziehungen und Verzichte auf der Grundlage eines im Einzelnen festgelegten Datensatzes in jedem Einzelfall unmittelbar und umgehend an das eGBR weiterleiten. Der Datensatz erhält folgende Angaben:

- Name, Namensänderung,
- Vorname,
- Geburtsdatum,
- Geschlecht,
- Berufsbezeichnung,
- Datum und der Ort der Ersterteilung der Berufserlaubnis oder der Berechtigung zur Führung der Berufsbezeichnung,
- Datum und Ort des Widerrufs oder der Zurücknahme oder des Entzuges der Berufserlaubnis oder der Berechtigung zur Führung der Berufsbezeichnung oder des Verzichts hierauf,
- Wohnadresse und Beschäftigungsadresse (soweit vorhanden).

Die Datenübermittlung der notwendigen Angaben selbst hat in elektronischer Form zu erfolgen. Dies bedeutet, dass eine elektronische Plattform aufgebaut werden muss, damit die Berufserlaubnisbehörden der Länder in die Lage versetzt werden, die Daten elektronisch zu liefern.

Das eGBR selbst, das durch eine Geschäftsführung für das operative Geschäft und einen Verwaltungsrat geführt werden soll, wird unverzüglich damit beginnen müssen, die Dienstleistung des technischen Trustcenters und gegebenenfalls weitere Dienstleitungen auszuschreiben.

Welche Aufgaben das eGBR selbst erledigt und welche es an Dienstleiter vergibt, wird von dem Geschäftsmodell abhängen, für das sich die Verantwortlichen entscheiden werden. Denkbar ist hier folgendes Szenario:

Ein Antragsteller muss sich beim eGBR registrieren lassen. Hierzu muss er – über ein zu schaffendes Portal – wie folgt vorgehen:

- Er muss einen Antrag für einen HBA oder BA stellen.
- Er muss dem Antrag ein Lichtbild mit Identitätsprüfung (Sichtausweis, Personalausweis, Pass) beifügen.
- Dem Antrag wird eine Identitätsprüfung beizufügen sein.
- Er muss einen Antrag für eine qualifizierte elektronische Signatur beifügen.
- Weiter muss er einen Nachweis der Berufsbefähigung (Berufsattribut) vorlegen.

Dabei wird der Antragsteller direkt das Lichtbild und die Identitätsbestätigung zahlen und indirekt über ein Entgelt an das eGBR für den Ausweis, den Aufwand für die Bestätigung der Berufsbefähigung und die elektronische Signatur.

Im Idealfall wird der Antrag vollständig und korrekt dem eGBR vorgelegt. Dann wird das eGBR mittels seiner Registerfunktion die Berufsbefähigung bestätigen; das technische Trustcenter wird im Auftrag des virtuellen Trustcenters eGBR den Ausweis erstellen und an den Antragsteller versenden. Sollten die Angaben unvollständig oder nicht korrekt sein, wird im Zuge einer Fehlerbearbeitung der Antrag zu vervollständigen und zu korrigieren sein. Dafür wird man mit dem Antragsteller in Kontakt treten müssen. Dies kann unmittelbar durch Mitarbeiter des eGBR erfolgen oder im Rahmen einer Vergabe an Dritte.

Da das eGBR als Anstalt des öffentlichen Rechts eingerichtet wird, wird es der öffentlichen Überwachung unterliegen und zwar
- durch die Rechtsaufsicht des Gesundheitsministerium des Sitzlandes,
- der Prüfung des Rechnungshofs des Sitzlandes und
- der Prüfung durch den Datenschutzbeauftragten des Sitzlandes.
- Für alle Prozesse wird eine Sicherheitspolicy zu erstellen sein, die von der Bundesnetzagentur zu prüfen sein wird.

Am zukünftigen Versorgungsgeschehen im Gesundheitswesen werden nur diejenigen teilhaben, die sich über die Telematik-Infrastruktur an der gemeinsamen, vernetzten Kommunikation und dem damit verbundenen Datenaustausch im Gesundheitswesen beteiligen können.

Es wird daher für die Länder noch einiges zu tun sein, um dies für alle Berufsgruppen entsprechend dem gesetzlichen Auftrag in § 291a Abs. 5a SGB V zu gewährleisten.

Das Verfahren zur Einführung der elektronischen Gesundheitskarte und der Datenschutz

Von Thilo Weichert*

I. Einführung

Das Unabhängige Landeszentrum für Datenschutz Schleswig-Holstein (ULD) beschäftigt sich seit seinem Bestehen mit den Datenschutzfragen im Bereich der Medizin und insbesondere der Telemedizin. Durch die Wahrnehmung seiner Kontrollaufgaben für den öffentlichen wie den nichtöffentlichen Bereich sowie durch seine Beratungstätigkeit hat das ULD umfassenden Einblick in die medizinische Datenverarbeitung. Da insofern seit Jahren massive Defizite festzustellen sind, führt das ULD gemeinsam mit der Ärztekammer und der Zahnärztekammer vom Jahr 2001 an die Aktion „Datenschutz in meiner Arztpraxis" durch.[1] Durch Forschungsprojekte, z. B. jüngst zum Datenschutz bei Biobanken[2], unterstützt das ULD die Einführung datenschutzfreundlicher Verfahren und Techniken – auch im Bereich der Medizin. Dies erfolgt u. a. auch durch die datenschutzrechtliche Auditierung von informationstechnischen Verfahren im Medizinbereich oder durch die Vergabe von Datenschutz-Gütesiegeln an IT-Produkte.[3] Das ULD hat von Anfang an die Pläne zur Einführung einer elektronischen Gesundheitskarte (eGK) begleitet, zumal hier das Land Schleswig-Holstein mit der Modellregion Flensburg eine Pionierfunktion übernommen hat.[4]

---

* Verschriftlichter Beitrag zum 2. Deutschen Zahnärztesymposium der Kassenzahnärztlichen Bundesvereinigung (KZBV) am 19. November 2008 in Berlin; Präsentationsfolien unter http://www.datenschutzzentrum.de/vortraege/20081119-weichert-gesundheitskarte.pdf.
1 Tätigkeitsbericht 2002 (24. TB) des ULD, Kap. 4.8.8; https://www.datenschutzzentrum.de/medizin/arztprax/index.htm; *Weichert*, FIfK-Kommunikation 1/2006, S. 46.
2 30. TB des ULD 2008, Kap. 8.11: bdc\Audit.
3 *Weichert*, MedR 2003, S. 674.
4 25. TB des ULD 2003, Kap. 4.8.2; 26. TB des ULD 2004, Kap. 4.7.6; 27. TB des ULD 2005, Kap. 4.7.1; 28. TB des ULD 2006, Kap. 4.6.1; 29. TB des ULD 2007, Kap. 4.6.1; 30. TB des ULD 2008, Kap. 4.6.1.

II. Interessen an medizinischer Informationstechnik

Die Bewertung der eGK sowie generell des Einsatzes von Informationstechnik (IT) in der Medizin aus Sicht des Datenschutzes, also des Interesses an der Wahrung der medizinischen und der informationellen Selbstbestimmung von Ärzteschaft einerseits und Patientinnen und Patienten andererseits, ist nur möglich, wenn die sonstigen Interessen der Beteiligten offengelegt werden. Tatsächlich gibt es stark konfligierende Interessen, die direkte Auswirkungen auf die Gestaltung der eingesetzten IT und auf den damit möglichen und praktizierten Datenschutz haben. Der Politik ging es zunächst bei der Zielsetzung der Einführung einer neuen elektronischen Gesundheitskarte um mehr Kontrolle über Ärzte- und Patientenschaft. Bundesgesundheitsministerin Ursula Schmidt meinte, damit Arzneimittelunverträglichkeiten, wie sie beim Libobay-Skandal zu Tage traten, verhindern zu können.[5] Tatsächlich ist diese Kontrollmotivation seit dem Beginn des Projektes, wohl auch wegen des Widerstands hiergegen, immer mehr in den Hintergrund getreten. Inzwischen ist die freiwillige Nutzung der eGK, die direkt im Konflikt mit ursprünglich verfolgten Kontrollzielen steht, durch praktisch alle Beteiligte weitestgehend anerkannt. Kontrollzwecke werden auch von den Krankenkassen verfolgt, deren gemeinsames Ziel mit der Politik darin besteht, die Kosten im Gesundheitswesen gering zu halten bzw. durch Kontrolle zu begrenzen. Weitere – nicht zwangsläufig dem Datenschutz entgegen laufende – Interessen von Politik wie Krankenkassen sind es, durch den IT-Einsatz Doppeluntersuchungen zu verhindern, die Kommunikation zu verbessern, Medienbrüche zu vermeiden, die Effektivität der Behandlung zu erhöhen, also schlicht die Gesundheitsversorgung zu optimieren und zu rationalisieren.

Jede Kostenreduktion mit Hilfe von IT setzt zunächst Investitionen in die IT voraus. Hierüber möchte die Informationswirtschaft ein Geschäft machen. Es geht letztlich darum, dass ein größerer Anteil der Gesamtkosten des Gesundheitswesens für IT aufgebracht wird und so Umsatz und Gewinne gemacht werden können. Dies erklärt die massive Forderung der IT-Branchenverbände, die eGK schnell und umfassend einzuführen. Während der IT-Einsatz selbst nicht im Widerspruch zu Datenschutz stehen muss, gilt dies in jedem Fall für die überstürzte Umsetzung von komplexen Planungen. Am Gesundheitssystem verdienen wollen auch die vielen weiteren Beteiligten in der Medizinbranche, wobei deren Interessen zu denen der IT-Branche im Widerspruch stehen: Während Letztere die eGK auf der Einnahmeseite verbuchen möchte, schlägt die Karte ansonsten auf der Ausgabenseite zu Buche. Doch lassen sich auch Produktivitätssteigerungen durch sinnvollen IT-Einsatz erreichen. Grundsätzlich kann ge-

---

5   Zur Geschichte der eGK *Borchers*, Die Einführung der elektronischen Gesundheitskarte in das deutsche Gesundheitssystem, 2008, S. 79 ff.

sagt werden, dass automatisierte Medizindienstleister durch die eGK eher zu den Gewinnern und konventionelle Anbieter eher zu den Verlierern bei der eGK-Einführung gehören werden. So erklärt sich z. B. die Förderung der eGK durch Internet- und der Widerstand hiergegen durch die Vorort-Apotheken.

Interesse an den durch den IT-Einsatz generierten elektronisch verfügbaren Daten haben viele Stellen. Hierzu gehören neben den direkten Bedarfsträgern in der Gesundheitsversorgung auch Stellen am Rande oder außerhalb des Systems, etwa die medizinische und die pharmazeutische Forschung, private Versicherungen, Arbeitgeber u. v. m. Soweit deren Interesse sich auf aggregierte bzw. anonymisierte Daten beschränkt, besteht kein direkter Konflikt zum Datenschutz. Doch lässt sich ein Personenbezug oft nicht vermeiden, ja ist für die Datenbegehrlichkeit konstituierend. Da diese Interessen auch mit den primären der Medizintelematik in Konflikt stehen, müssen sie regelmäßig außen vor bleiben. Entsprechendes gilt für die Datenbegehrlichkeiten von Behörden, etwa des Finanzamtes, des Kreiswehrersatzamtes, von Polizei und Staatsanwaltschaft usw..

Im Hinblick auf die (Zahn-)Ärzteschaft bringt der zunehmende IT-Einsatz zugleich Licht und Schatten. Angesichts der Technisierung im Bereich von Diagnostik, Behandlung und Abrechnung, der massiven Arbeitsteilung und Spezialisierung und der hohen Mobilität der Patienten geht an der Nutzung der Telematik in vieler Hinsicht kein Weg vorbei. Für die Automation streitet die umfassende, qualifizierte und schnelle Verfügbarkeit medizinisch relevanter Informationen und die dadurch leichter zu praktizierende Arbeitsteilung und Qualifizierung der Behandlung. Praxisabläufe lassen sich effektiver und sicherer gestalten, auch im Hinblick auf die Wahrung der Integrität und Vertraulichkeit der Patientendaten. Letztlich steht auch das Versprechen im Raum, mit der elektronischen Dokumentation der medizinischen Vorgänge eine bessere Information der Patienten zu erreichen sowie deren Wahlmöglichkeiten und damit insgesamt die Patientenautonomie zu erhöhen.

Diese Vorzüge werden aber durch Risiken relativiert. So erklärt sich der Widerstand der (Zahn-)Ärzteschaft gegen die verordnete Einführung von IT mit der – teilweise begründeten – Befürchtung verstärkter Kontrolle und Bevormundung. Hinzu kommen zunächst schwer kalkulierbare Kosten für die Beschaffung, Implementierung sowie den Einsatz der neuen Technik. (Zahn-)Mediziner und deren klassische Hilfspersonen sind keine Informatiker. Die Automation der Abläufe verursacht zwangsläufig großen teuren, aufwändigen und oft nicht erwünschten Nachschulungs- bzw. Ausbildungsbedarf. Zugleich sehen die Mediziner, die im direkten Kontakt mit den Patienten stehen, die Gefahr, dass ihnen der Patient als Mensch aus dem Fokus ihrer Tätigkeit entschwindet. Tatsächlich kann – muss aber nicht zwangsläufig – mit zunehmender Automation eine Entpersönlichung des Arzt-Patientenverhältnisses einhergehen, was qualitativen Schaden bei vielen Formen der Behandlung zur Folge hätte. Schaden hierfür, insbesondere im Hinblick auf die Vertrauensbeziehung zwischen (Zahn-)Arzt und Patient, droht zudem durch die elektronische und damit grds. erleichterte Verfügbarkeit der Patientendaten. So war lange Zeit der Datenschutz bzw. die Wahrung des Patientengeheimnisses (also der beruflichen Schweigepflicht) das Hauptargument vieler (Zahn-)Ärzte gegen die obligatorische Einführung der Telematik bzw. der eGK. Diesen Bedenken muss bei der rechtlichen, technischen und organisatorischen Umsetzung Rechnung getragen werden.[6]

III. Anforderungen an die eGK-Einführung

Die Einführung von medizinischen Telematikanwendungen generell bzw. der eGK im Speziellen setzt voraus, dass einige zentrale Faktoren beachtet werden, wobei zwischen harten und weichen Faktoren unterschieden werden kann. Beide Kategorien müssen vorliegen, um eine erfolgreiche Einführung zu erreichen. Zentralste harte, also technisch zu gewährleistende Voraussetzung ist die Funktionalität des Systems. Jede IT-Anwendung muss die ihr zugedachten Aufgaben erfüllen und so gestaltet sein, dass die Anwendenden in der Lage sind, diese zu beherrschen. Weiteres absolutes „Muss" ist die technische Sicherheit des Systems, also die Gewährleistung des störungsfreien Betriebes und die Absicherung vor externen Angriffen wie vor systembedingten Fehlern. Diese Anforderungen gelten für alle technischen Komponenten, d. h. die Hard- und Software sowohl der Peripheriesysteme, also in Krankenhäusern, in (Zahn-)Arztpraxen, in Apotheken, bei sonstigen Leistungserbringern und eingebundenen Stellen, des Netzwerkes und der Schnittstellen (bei der eGK der Konnektor) als auch der Karten von Patient (eGK) und (zahn-)medizinischem Personal (Berufsausweis – Health Professional Card – HPC, Institutionenkarte – Secure Module Card – SMC).

Neben diesen technischen Anforderungen bedürfen IT-Verfahren der Akzeptanz und der Handhabbarkeit durch die einbezogenen Menschen.[7] Diese „weichen Faktoren" wurden bei der Einführung der eGK lange vernachlässigt. Ohne die Einsicht in die Notwendigkeit oder zumindest die Nützlichkeit bei Betroffenen wie Anwendenden können IT-Verfahren in der Medizin nicht realisiert werden, weil in vielen Stadien die aktive Einbeziehung und Teilnahme der Menschen unabdingbar ist. Daher bedarf es der Vermittlung der Sinnhaftigkeit des Verfahrens allgemein und dann der konkreten Praktikabilität. Ohne ein hohes Maß von Medienkompetenz lassen sich komplexe Verfahren nicht betreiben. Unabhängig

---

6   Zum aktuellen Diskussionsstand *Bölsche*, Big Brother würde Mitleid haben, Der Spiegel 52/2008, S. 36; Antrag der FDP-BT-Fraktion v. 03.12.2008 BT-Drs. 16/11245.
7   *Hornung*, Die digitale Identität, 2005, S. 379 ff.

vom Umstand, dass medizinische IT-Verfahren aus rechtlichen Gründen Vertraulichkeit und Wahlfreiheit bei Patienten wie bei (Zahn-)Ärzten gewährleisten müssen, sind diese auch notwendige Bedingungen für deren Einführung und Betrieb. Die Autonomie der Betroffenen und der Handelnden sowie die zwischen ihnen zu gewährleistende Diskretion muss so gut wie möglich realisiert werden. Kontrolle darf nur in einem eng gesetzlich begrenzten Umfang möglich sein; die externe Beeinflussung von Patienten und Ärzteschaft und deren Manipulation ist zu vermeiden. Dies gilt insbesondere bei einem Verfahren wie der Telematik-Infrastruktur, bei der es eine Vielzahl von sog. Mensch-Maschine-Schnittstellen gibt.[8]

Konkret bedeutet dies, dass folgende Ziele realisiert werden müssen: Integrität, Authentizität, Verfügbarkeit, Vertraulichkeit, Revisionssicherheit, Transparenz, Funktionalität und Patientenfreundlichkeit. Für jedes dieser Ziele gibt es mehrere Instrumente, die sich gegenseitig ergänzen und unterstützen. Die Sicherung der Integrität, d. h. Unversehrtheit und Richtigkeit, und der Authentizität, also einer verifizierbaren Urheberschaft der jeweiligen Daten, erfolgt in der Telematikinfrastruktur mit Hilfe der auf den Karten (SMC, HPC) gespeicherten digitalen Signaturen.[9] Die Datenverfügbarkeit, also die jederzeitige Zugriffsmöglichkeit auf die Daten, wird realisiert durch deren Speicherung in Rechenzentren und deren regelmäßige Sicherung (Backups). Der Vertraulichkeit dienen die Datenverschlüsselung und die differenzierte Zugriffsberechtigung gemäß vorgegebenen Rollen und Freigaben. Die Revision der Datenverarbeitung setzt eine umfassende Dokumentation sämtlicher Verfahren und deren Fortschreibung voraus sowie im Bezug auf jedes einzelne Datum bzw. auf jeden Datensatz die Protokollierung von schreibenden und lesenden Zugriffen. Verfahrensdokumentationen dienen der Transparenz, ebenso wie eine anwendungsfreundliche Oberfläche sowie Werkzeuge zur Offenlegung von Verfahrensläufen. Letzteres ist auch unabdingbar für die Gewährleistung des dienenden Charakters der IT für die medizinischen Zwecke und für deren Patientenorientierung. Über sog. Kioske muss der Patient die Möglichkeit haben, Auskunft über seine Daten zu erlangen und seine Wahlrechte wahrzunehmen. Eventuell können ihm diese Möglichkeiten auch über eine Internet-Schnittstelle am privaten PC zu Hause eingeräumt werden.

Bei einem Großprojekt wie der Einführung der eGK sind Erfahrungen aus anderen komplexen IT-Verfahren zu beherzigen. So erweist sich praktisch bei jedem Verfahren, dass dieses nicht allein nach normativen Vorgaben und per Knopfdruck realisiert werden kann. Die gesetzliche Vorgabe eines Einführungstermins

---

8 *Weichert*, in Brenner/Graubner, Was heißt und zu welchem Ende betreibt man medizinische Dokumentation?, 2007, S. 81.
9 Zum Signaturrecht vgl. *Hornung* (Fn. 7), S. 313 ff.

Anfang 2006 mag im Interesse der Klärung der Verbindlichkeit der Entscheidung über das Ob der Einführung nötig gewesen sein wie auch dafür, einen gewissen Handlungsdruck auf alle Beteiligten auszuüben; sie kann aber nicht das notwendige organische Wachsen eines derart komplexen Verfahrens dekretieren. Sollte vier Jahre später, also im Jahr 2010, bundesweit die eGK mit einigen wenigen Grundfunktionalitäten eingeführt sein, so wäre dies schon ein beachtlicher Erfolg. Dieser setzt die Einbeziehung aller Beteiligten und Betroffenen in allen Entwicklungsstadien voraus, die akzeptanzbegründende Vermittlung der Sinnhaftigkeit, dann der nötigen Medienkompetenz und schließlich die Anleitung und Betreuung bei der praktischen Nutzung. Von der Grobkonzeptionierung bis zum umfassenden Realeinsatz gibt es eine Vielzahl zu durchlaufender Stufen, beginnend mit der Erforschung des Bedarfs und der Lösungen, der Entwicklung der Werkzeuge, über den Aufbau einer Organisationsstruktur, die Erprobung und Testung in Modellprojekten, Piloten und schließlich in der Fläche, bis hin zur Freigabe und Inbetriebnahme. Doch auch dann kann es keine Ruhe geben, da im Wirkbetrieb eine dauernde Kontrolle und Pflege und eine regelmäßige Evaluation stattfinden müssen. Bei Problemen und Abweichungen von den Planungen müssen Korrekturmöglichkeiten vorgesehen sein. Dieses stufenförmige Vorgehen gilt nicht nur für das Gesamtprojekt, sondern auch für einzelne abtrennbare Module des Projektes.[10]

So ist es richtig, bei der eGK mit den klassischen Funktionalitäten der Krankenversichertenkarte und deren Einbindung in eine Netzstruktur zu beginnen, also mit der Nutzung für Zwecke der Identifikation und für die Abrechnung von Gesundheitsleistungen. Als weitere obligatorische Funktionalität war bei der eGK das elektronische Rezept vorgesehen. Auf Grund des Widerstands in der (Zahn-) Ärzteschaft wie auch wegen praktischer Probleme wurde jüngst diese Pflichtanwendung zur alternativ nutzbaren Wahlanwendung relativiert. Es folgen die freiwilligen Anwendungen, wobei einfache Verfahren wie z. B. die Speicherung von Notfall- bzw. Basisdaten und der elektronische Arztbrief komplexeren Applikationen zeitlich vorgezogen werden sollten, also der elektronischen Patientenakte, dem Patientenpostfach oder der Arzneimittelprüfung.[11]

IV. Datenschutzanforderungen

Anders als bei allen anderen IT-Großprojekten auf Bundesebene wurden bei der eGK-Einführung früh Datenschutzerwägungen einbezogen und berücksichtigt. Dies führte dazu, dass die normativen Festlegungen zur eGK in § 291a Sozial-

---

10 *Weichert*, GesR 2005, S. 151.
11 *Hornung* (Fn. 7), S. 220 ff.

gesetzbuch V (SGB V) geradezu als vorbildlich bezeichnet werden können.[12] Diese basieren auf der Erkenntnis, dass nur bei umfassender rechtlicher, organisatorischer und technischer Gewährleistung des Datenschutzes bzw. des Patientengeheimnisses die für die Nutzung der eGK nötige Akzeptanz bei Patientinnen und Patienten wie bei der (Zahn-)Ärzteschaft und den sonstigen medizinischen Leistungserbringern erreicht werden kann. Die Darstellung der rechtlichen Regelungen würde die Möglichkeiten dieses Überblicks sprengen.[13] Daher kann nur auf einige wichtige Strukturmerkmale hingewiesen werden. Ganz im Zentrum der materiell-rechtlichen Regelungen steht eine enge Zweckbindung der Daten, d. h. die Beschränkung der Nutzung für die Inanspruchnahme von (zahn-) ärztlichen Leistungen (§ 291 Abs. 1 S. 2 SGB V) sowie die Beschränkung der Datenfelder (§ 291 Abs. 2 SGB V) und der Funktionalitäten (§ 291a Abs. 3 S. 1 SGB V). Um die Transparenz gegenüber den Betroffenen zu gewährleisten, sind weitgehende Informations-, Einwilligungs- und Auskunftsrechte für die Patienten geregelt (§ 291a Abs. 3 S. 2-5 SGB V, § 6c BDSG). Der Zugriff auf die Daten erfolgt differenziert gemäß den Einwilligungen und bezogen auf ausdrücklich definierte Rollen (§ 291a Abs. 3 S. 4, Abs. 4, 5 SGB V). Ergänzt werden diese Wissens- und Bestimmungsmöglichkeiten der Betroffenen durch nachträgliche Lösch- und Revisionsmöglichkeiten (§ 291a Abs. 6 SGB V). Um zu verhindern, dass der Betroffene nicht zur Preisgabe der seiner Verfügungsmöglichkeit unterliegenden Daten gezwungen wird, sind ergänzende Schutzrechte vorgesehen (§ 291 Abs. 8 SGB V)[14].

Diese materiell-rechtlichen Regelungen werden durch gesetzlich normierte technische Sicherungen ergänzt.[15] So ist die individuell verschlüsselte Ablage vorgesehen (§ 291a Abs. 5 S. 2 SGB V). Dies hat zur Folge, dass es zur Wahrung der Vertraulichkeit der Daten überhaupt nicht darauf ankommen darf und kann, ob diese auf einem zentralen oder auf vielen dezentralen Servern oder gar nur auf der Karte gespeichert werden.[16] In jedem Fall ist die individuelle Autorisierung des Zugriffs durch den Betroffenen technisch zwingend. Also auch bei einer zentralen Datenablage wäre einer dritten Stelle jeweils nur die Entschlüsselung eines einzelnen Datensatzes, dessen Schlüssel verfügbar ist, möglich. Eine Kenntnisnahme aller Patientendaten ist nicht nur rechtlich verboten, sondern soll technisch auch unmöglich sein. Der Zugriff auf Anwendungen setzt regelmäßig die Autorisierung des Patienten unter Einsatz der eGK und des (Zahn-)

---

12 *Weichert*, DuD 2004, S. 391.
13 Dazu *Hornung* (Fn. 7), S. 207 ff.; *Weichert*, DuD 2004, S. 391; *Bales/Holland/Müller/Dierks*, Die elektronische Gesundheitskarte, 2007.
14 Zum strafrechtlichen Schutz *Borchers* (Fn. 5), S. 123 ff.
15 *Hornung* (Fn. 7), S. 362 ff.
16 *Hornung* (Fn. 7), S. 213 ff.

Arztes über eine HPC voraus. Etwas anderes gilt nur bei den Basis- und Notfalldaten (§ 291a Abs. 5 S. 3-5 SGB V). Weiterhin eröffnet das Konzept eine flexible Kombination von Karten- und Netzspeicherungen. So können einzelne Datenfelder ausschließlich auf der Karte bzw. über das Netz oder über beide Wege zugänglich sein. Die Annahme, über eine ausschließliche Kartenspeicherung hätte der Betroffene eine höhere Verfügungsmacht über seine Daten, ist eine Illusion. Liegt der Schlüssel für seine Daten auf der eGK, so kann mit einer Netzspeicherung das gleiche Maß an Sicherheit erreicht werden. Ja, die Sicherheitsvorkehrungen in einem dauernd verfügbaren Netz mit hoher Rechenkapazität können verlässlicher vorgenommen werden als auf einer Karte. Schließlich ist grds. gewährleistet, dass die Kommunikation nur über eine gesichertes, nicht allgemein zugängliches Netz erfolgt (sog. Virtual Private Network). Dabei ist nicht ausgeschlossen, dass in begrenztem und beherrschbarem Umfang Schnittstellen zu öffentlichen Netzen eingerichtet werden, damit evtl. ein Zugriff über das Internet ermöglicht wird. Weitere technisch-organisatorische Maßnahmen der Datensicherheit (§ 9 BDSG) sind obligatorisch.[17]

Damit genügt die Telematikinfrastruktur nach den bisher vorliegenden Erkenntnissen den höchsten Anforderungen des Datenschutzes und der Datensicherheit. Diese werden aber nicht ein- für allemal erfüllt, sondern müssen durch eine dauernde Pflege der einbezogenen Systeme erfüllt bleiben. Dies gilt sowohl für die Module des Netzes, der Schnittstellen (Konnektoren) und der externen Systeme in den Praxen, Krankenhäusern und bei den sonstigen Dienstleistern. Es ist absehbar, dass die Telematik-Infrastruktur allein nicht genügt, um Funktionalität und Sicherheit zu gewährleisten, dass also eine Restverantwortung bei den Peripheriesystemen und deren Betreibern nicht nur im Hinblick auf die eigene elektronische Dokumentation, sondern auch als Schnittstelle zur Telematik-Infrastruktur verbleibt. Generell müssen beim Betrieb der Systeme folgende Fragen befriedigend beantwortet werden:

- Genügen die vorgesehenen Datensätze den Prinzipien der Erforderlichkeit und Datensparsamkeit?
- Sind die Daten während der Speicherung und bei Übermittlungen vor unberechtigtem Zugriff ausreichend geschützt?
- Gewährleistet das Zugriffskonzept, dass Lese- und Schreibberechtigungen nur im Rahmen des Erforderlichen und vom Patienten Gewollten eingeräumt werden?
- Wird der Urheber jedes Datums eindeutig identifiziert und protokolliert?

---

17 Gesellschaft für Telematikanwendungen der Gesundheitskarte mbH – gematik –, Die elektronische Gesundheitskarte, whitepaper Sicherheit, April 2008; *Weichert*, in: Bundesamt für Sicherheit in der Informationstechnik, IT-Sicherheit geht alle an, 2005, S. 27.

- Ist gewährleistet, dass die Systemadministration keinen Zugriff auf patientenbezogene Daten erhält?
- Wird der mindestens 10-jährigen Dokumentationspflicht genügt?
- Können Daten gelöscht und/oder gesperrt werden?
- Kann die Auskunftserteilung an die PatientInnen problemlos erfolgen?
- Sind die Wahlrechte der PatientInnen technisch abgebildet?
- Ist die Anwenderoberfläche so gestaltet, dass (Zahn-)Ärzte und Patienten die Kontrolle über die automatisierten Vorgänge behalten?

V. Rollen und Perspektiven

Mit der Telematik-Infrastruktur wird ein elektronisches Hilfsmittel für das deutsche Gesundheitswesen geschaffen, das die bisherigen Rollen der Beteiligten nicht unangetastet lässt. Für die Patienten besteht grundsätzlich die Möglichkeit, mehr Informationen über die Behandlung und Medikation zu erhalten. Die ihnen eingeräumten Wahlmöglichkeiten setzen voraus, dass sie hieran überhaupt ein Interesse haben und Bereitschaft zeigen, selbst ein gewisses Maß an Verantwortung für die Verarbeitung der eigenen Gesundheitsdaten zu übernehmen. Dies entspräche nicht der heutigen Praxis, bei der sich der Patient regelmäßig weitgehend ergeben in die Hände der (Zahn-)Ärzteschaft begibt in der Hoffnung auf eine optimale Betreuung.[18] Das Hauptinteresse des Patienten bezieht sich auf das Endziel seiner Gesundheit und nicht darauf, in den Prozessen des Gesundheitswesens eine autonomere Rolle einzunehmen. Die bisherige weitgehende Entmündigung des Patienten entspricht in vielen Fällen aber nicht deren Bedürfnis, sondern ist Folge der bisherigen Abläufe. Es kann davon ausgegangen werden, dass insbesondere jüngere Patientinnen und Patienten Interesse und Bereitschaft haben, selbst einen aktiveren Part bei ihrer Gesundheitsversorgung zu übernehmen. Es ist genau auch diese Gruppe, die auf Grund ihrer bisherigen Medienerfahrung weniger Probleme haben wird mit der Handhabung der eGK. Denjenigen Patienten, denen die erforderliche Medienkompetenz fehlt, die an deren Erwerb kein Interesse haben oder die wegen ihres Alters oder ihrer körperlichen und geistigen Konstitution nicht in der Lage sind, einen aktiven Part bei der Gesundheits-Datenverarbeitung zu übernehmen, darf nicht die Last einer zusätzlichen Verantwortung auferlegt werden. Ihr Anspruch auf eine adäquate medizinische Behandlung und die Wahrung ihrer Patientenrechte und die Einhaltung des Patientengeheimnisses darf nicht davon abhängig gemacht werden, dass sie sich informationstechnische Kompetenz aneignen. Kann z. B. ein Patient mit einer

---

18 *Weichert*, GesR 2006, S. 153.

PIN nicht umgehen, so darf ihm dies nicht zum Nachteil gereichen. Der Patient ist bisher weitgehend Objekt des Gesundheitswesens und damit auch Objekt der Gesundheitsdatenverarbeitung. Für technisch ohnmächtige, „unmündige" oder behinderte Patienten muss daher eine Treuhänderlösung gefunden werden.[19]

Treuhänder für eine gute Behandlung und die medizinische Dokumentation ist schon bisher der (Zahn-)Arzt. Es ist daher naheliegend, dieser Vertrauensperson bei der Verarbeitung der Medizindaten für den Patienten technisch bedingte zuwachsende Funktionen zu übertragen. Dies ist jedoch keine Selbstverständlichkeit, zumal die Wahrnehmung dieser Funktionen keine medizinische, sondern vor allem informationstechnische Kompetenz erfordert. Der Widerstand der (Zahn-)Ärzteschaft gegen die eGK ist mit der – teils ausdrücklichen, teils unterschwellig vorhandenen – Ablehnung zu erklären, diese bisher berufsfremde Funktion zu übernehmen.[20] Die zweifellos nachvollziehbare Abwehrhaltung muss aber überwunden werden: Sie ignoriert, dass das moderne Gesundheitswesen nicht mehr nur ein medizinisch geprägtes System ist. Schon lange wird es betriebswirtschaftlich beeinflusst – und mit der Etablierung von elektronischer Datenverarbeitung in den Praxen eben auch informationstechnisch. Es stellt sich nicht die Frage, ob dieser Wandel akzeptiert wird, sondern wie dieser gestaltet wird. Hierzu zeigt die (Zahn-)Ärzteschaft zunehmend Einsicht und Bereitschaft, wie z. B. aus der Diskussion auf dem 111. Bundesärztekongress im Mai 2008 in Ulm erkennbar wurde.[21] Dieser Prozess ist aber langwierig und schwierig. Er läuft darauf hinaus, dass der (Zahn-)Arzt nicht nur ein medizinischer Lotse für den Patient sein muss, sondern auch ein Lotse bei der Verarbeitung der Patientendaten.

Dieser Rollenwechsel muss selbstverständlich von den (Zahn-)Ärzteorganisationen begleitet werden. Dies gilt insbesondere für die verfasste (Zahn-)Ärzteschaft, also die Kammern, aber auch für die Kassen(zahn-)ärztlichen Vereinigungen und die sonstigen Interessenverbände. Dabei obliegt es diesen Institutionen, zunächst die Interessen ihrer Mitglieder zu vertreten. Dies sind nicht nur die medizinischen und ökonomischen Interessen, sondern auch die organisatorisch-strukturellen bzw. die technisch-funktionellen in Bezug auf die Verarbeitung der Medizindaten. Nicht aus dem Auge verlieren dürfen die Organisationen dabei, dass die Ärzteschaft Garantenpflichten gegenüber ihren Patienten hat, dass also

---

19 Zur PIN und generell zum Spannungsverhältnis von Funktionalität und Datenschutz *Weichert*, in: Jäckel, Telemedizinführer Deutschland, 2009.
20 Z. B. *Buchholz*, Vortrag beim 2. Deutschen Zahnärztesymposium 18./19.11.2008 in Berlin.
21 *Krüger-Brand*, Deutsches Ärzteblatt 22/2008, A 1164; *Schellhase*, E-Health-Com 3/2008, S. 34; *Weichert*, https://www.datenschutzzentrum.de/medizin/gesundheitskarte/20090522-weichert-medizinische-telematik.html.

z. B. die Wahrung der Vertraulichkeit oder die Förderung der Patientenautonomie nicht nur eine medizinische Rahmenbedingung, sondern ein eigenständiger Wert im Interesse der Patientenschaft sind. Den Institutionen kommt als Aufgabe nicht nur die Interessenvertretung bei der Einführung medizinischer Telematik zu, sondern auch der eines aktiven Parts bei der informationstechnischen Aus- und Fortbildung ihrer Mitglieder. Schließlich obliegt es ihnen, gegenüber der Öffentlichkeit den mit dem Einzug der Informationstechnik verbundenen Strukturwandel gegenüber der Öffentlichkeit (Presse, Politik, gesellschaftliche Gruppen) zu kommunizieren.

Eine wichtige Rolle spielt die organisierte (Zahn-)Ärzteschaft auch bei den offiziellen Organisationsstrukturen der Telematik-Infrastruktur, also der Gematik (Gesellschaft für Telematik, vgl. § 291b SGB V). Die Hauptverantwortung liegt aber insofern beim Staat. Dieser ist nicht nur verpflichtet, gesetzgeberische Lösungen zu finden, sondern muss den Prozess der Informatisierung des Gesundheitswesens verantwortlich gestalten und begleiten. Dies gilt insbesondere im Hinblick auf die Wahrung der Interessen der von der Informatisierung Betroffenen. Das Bundesverfassungsgericht hat dies jüngst beeindruckend durch die Schaffung einer neuen Ausprägung des allgemeinen Persönlichkeitsrechts in der Form eines „Grundrechts auf Gewährleistung der Vertraulichkeit und Integrität informationstechnischer Systeme" unterstrichen.[22] Die Betroffenen dürfen weder mit der Technik noch mit dem informationstechnischen Markt alleingelassen werden. Dies gilt in besonderem Maße beim Einsatz von Systemen zur Verarbeitung hochsensibler Daten, wie dies medizinische Daten sind.[23]

Daraus ergibt sich eine Vielzahl neuer Aufgaben. Generell gilt, dass Standards für den Einsatz medizinischen Telematik erarbeitet werden müssen, die den Anforderungen guter Praxis (Best Practice) entsprechen. Diese Pflicht obliegt nicht nur den Informationstechnikern und der (Zahn-)Ärzteschaft, sondern in besonderem Maße auch den staatlichen Instanzen, also der Gematik, den Datenschutzaufsichtsbehörden sowie den Behörden zur Gewährleistung der Datensicherheit (v. a. das Bundesamt für die Sicherheit in der Informationstechnik – BSI). Neben der gemeinsamen Erarbeitung von normativen Vorgaben über Standards, Richtlinien und Empfehlungen stehen alle Beteiligten in der Pflicht, an der Etablierung von Datenschutzmanagementsystemen mitzuwirken. Ja, es gehört inzwischen zu den Aufgaben jedes (Zahn-)Arztes, seine eigene Praxis gemäß wichtiger Datenschutzprinzipien zu organisieren. Hierzu gehört die Bestellung eines betrieblichen Datenschutzbeauftragten (§ 4f BDSG), die Vorabkontrolle beim

---

22 BVerfG, NJW 2008, S. 822; dazu *Hoffmann-Riem*, JZ 2008, s. 1009; zum Verhältnis zur eGK *Pitschas*, Vortrag beim 2. Deutschen Zahnärztesymposium 18./19.11.2008 in Berlin.
23 *Borchers* (Fn. 5), S. 112 ff.

Einsatz neuer technischer Systeme (§ 4d Abs. 5 BDSG), die Einrichtung eines technischen und organisatorischen Regelwerkes, mit dem die Abläufe der Datenverarbeitung definiert werden, sowie die Festlegung der datenschutzrechtlichen Pflichten aller Beteiligten, also nicht nur des Datenschutzbeauftragten, sondern auch des Systemadministrators, der Leitung sowie aller Anwendenden. Was für eine ambulante Arztpraxis gilt, gilt in verstärktem Maße für größere Einheiten wie Krankenhäuser[24] und erst Recht für die gesamte Telematik-Infrastruktur. Hilfen können insofern die datenschutzrechtliche Zertifizierung der eingesetzten IT-Produkte geben, so wie dies von ULD seit sieben Jahren angeboten wird, sowie die Auditierung von Organisationseinheiten und Verfahren.[25]

Das Verfahren zur Einführung der elektronischen Gesundheitskarte ist ein langwieriger Prozess, der die aktive gestaltende Beteiligung aller Betroffenen und deren Vertretungen notwendig macht. Bei der eGK und der Telematik-Infrastruktur handelt es sich nicht um einen Selbstzweck. Vielmehr geht es darum, gemeinsam die Vertraulichkeit des Gesundheitswesens aus der Zeit des Hippokrates in unsere moderne Informationsgesellschaft hinüberzuretten.

---

24 *Weichert*, W&S – Das Sicherheitsmagazin – Krankenhaus 5/2006, S. 44.
25 *Weichert*, MedR 2003, S. 674.

Regulierung des deutschen Gesundheitswesens durch Rechtsinfrastruktur und Informationstechnik – die elektronische Gesundheitskarte

Von Rainer Pitschas[*]

I. Elektronische Gesundheitskarte und Telematikinfrastruktur im Gesundheitssektor

1. Informationsgrundlagen der gesetzlichen Krankenkassen und elektronische Gesundheitskarte

Nach dem Willen des Gesetzgebers wird zur Verbesserung von Wirtschaftlichkeit, Qualität und Transparenz der Behandlung von Patienten die Krankenversicherungskarte zu einer *elektronischen Gesundheitskarte* (eGK) erweitert (§ 291a SGB V). Die Einzelheiten ihrer Ausgestaltung sind in die Regelungen des Sozialgesetzbuches – Buch V über die Grundsätze der Datenverwendung (§§ 284 ff. SGB V) und in die Vorschriften über die Informationsgrundlagen der Krankenkassen (§§ 288 ff. SGB V) eingebettet.[1] Mit dem dadurch geschaffenen Regelungsgefüge trägt der Gesetzgeber der Notwendigkeit des modernen Sozialstaates Rechnung, für die Tätigkeit der gesetzlichen Krankenversicherung (GKV) als Solidarverband im Rahmen des Sozialleistungssystems den intensiven Einsatz der Informations- und Kommunikationstechnik (IuK-Technik/IT) zu ermöglichen.

---

[*] Überarbeiteter und mit Anmerkungen versehener Vortrag am 19.11.2008 in Berlin auf dem von der Kassenzahnärztlichen Bundesvereinigung und der Deutschen Hochschule für Verwaltungswissenschaften Speyer veranstalteten 2. Deutschen Zahnärzte-Symposium.

[1] Sozialgesetzbuch (SGB) Fünftes Buch (V) – Gesetzliche Krankenversicherung (SGB V) i. d. F. des Gesetzes zur Modernisierung der gesetzlichen Krankenversicherung (GMG) v. 14.11.2003 (BGBl. I S. 2190); hierzu u. a. *Gille*, Das GKV-Modernisierungsgesetz in seiner Umsetzung – Reparaturvorschläge für ein problembehaftetes Gesetzeswerk, NZS 2004, S. 474 f.; *Pitschas*, Rechtsfragen des GKV-Modernisierungsprozesses, in: ders. (Hrsg.), Finanzierungsprobleme der Gesundheitsreform und GKV-Modernisierungsgesetz, Speyerer Arbeitshefte Nr. 162, 2004, S. 35 ff.; zur Krankenversicherungskarte s. *Spidla*, BKK 2006, S. 35 ff.

Zu diesem Zweck hat der Gesetzgeber eine bisher dem Leistungs- und Leistungserbringerrecht unbekannte *neue Rechtsinfrastruktur* geschaffen.[2] Deren leitendes Merkmal besteht darin, dass die über die eGK erschlossenen Daten nur erhoben, verarbeitet und genutzt sowie ausgelesen werden dürfen, wenn der Versicherte jeweils gegenüber einem Angehörigen eines Heilberufs dazu seine Einwilligung erklärt hat. Überdies darf der Zugriff auf Daten mittels der eGK nur in Verbindung mit einem elektronischen Heilberufsausweis, im Falle der Übermittlung ärztlicher Verordnungen in elektronischer und maschinell verwertbarer Form auch in Verbindung mit einem entsprechenden Berufsausweis erfolgen, wobei jeweils die sichere Authentifizierung und eine qualifizierte elektronische Signatur vorausgesetzt werden. Zusätzlich wird die Eingabe einer PIN erforderlich. Dies gilt allerdings nicht für Notfalldaten, wohl aber und vor allem für den elektronischen Arztbrief und die elektronische Patientenakte. Hierbei handelt es sich im Wesentlichen um die *freiwilligen Anwendungen* gem. § 291a Abs. 3 SGB V, bei denen der Versicherte über die Nutzung selbst entscheidet.

Dem stehen die gegenwärtigen sog. *Pflichtanwendungen* gegenüber, die dem Versicherten keine Wahlmöglichkeit der Nutzung lassen.[3] Es handelt sich insofern um die Versichertenstammdaten gem. § 291 Abs. 2 i. V. m. Abs. 2a, § 291a Abs. 1 und 2 Nr. 1 und 2 SGB V einschließlich der Angaben auf dem Berechtigungsnachweis zur Inanspruchnahme von Leistungen nach Gemeinschaftsrecht („Europäische Versichertenkarte"). Einbezogen ist ferner das „elektronische Rezept" nach § 291a Abs. 2 S. 1 SGB V. Über die Versichertenstammdaten hinaus „kann" die eGK auch Angaben zum Nachweis von Wahltarifen nach § 53 SGB V und von zusätzlichen Vertragsverhältnissen sowie Angaben zum Ruhen des Anspruchs auf Leistungen enthalten. Aber auch insoweit muss die eGK technisch geeignet sein, Authentifizierung, Verschlüsselung und elektronische Signatur zu ermöglichen.

Dementsprechend rücken die rechtlichen und organisatorischen Sicherungen bei der Anwendung der eGK in den Mittelpunkt der vom Gesetzgeber neu geschaffenen elektronischen Kommunikationsstruktur. Eine zentrale Funktion übernehmen hierbei die *Verschlüsselungstechniken*. Denn die Nutzanwendung der

---

2   *Bales*, Die Einführung der elektronischen Gesundheitskarte in Deutschland, Bundesgesundheitsblatt 2005, S. 727 ff.; *Scholz*, BKK 2004, S. 479 ff.; *Weichert*, Die elektronische Gesundheitskarte, DuD 2004, S. 391 ff.
3   Zu der Unterscheidung von freiwilligen Anwendungen und Pflichtanwendungen s. auch *U. Kruse/B. Kruse*, Die elektronische Gesundheitskarte und ihre Anwendungen, Zschr. für Sozialversicherungs-Praxis 2006, S. 129 ff.; KassKomm – *Peters*, Bd. 1, 58. ErgL, § 291a SGB V RdNrn. 8 f.; *Michels*, in: Becker/Kingreen, SGB V, 2008, § 291a RdNrn. 6 f.

eGK beruht vor allem darauf, dass die elektronisch gespeicherten Medizindaten verschlüsselt werden. Das sog. Patientengeheimnis verlangt, dass es die Patienten sind, die mit ihrem Schlüssel die Daten freischalten können. Diese unverzichtbare Grundvoraussetzung der Informatisierung des Gesundheitswesens ist die Folge des *Rechts auf informationelle Selbstbestimmung* nach Art. 2 Abs. 1 i. V. m. Art. 1 Abs. 1 GG.[4] Selbstverständlich kommen weitere rechtliche und organisatorische Sicherungen für die Erhebung und Verarbeitung der Gesundheitsdaten hinzu. Hierzu zählen namentlich der Auskunftsanspruch von Versicherten bzw. Patienten, ihr Löschungsrecht bei freiwilligen Anwendungen, die Protokollierung der Zugriffe, aber auch die Signierung der Daten durch den Arzt.

Die erhobenen, verarbeiteten und genutzten Daten werden auf diese Weise einem eigenen und detailliert geregelten bereichsspezifischen Sozialdatenschutz unterworfen, der nicht nur die besondere Schutzbedürftigkeit medizinischer Daten unterstreicht, sondern auch der *Kooperation* mit (Zahn-)Ärzten und Patienten bedarf. Die Datenschutzkonzeption muss m. a. W. eine tatsächliche Kommunikations-Infrastruktur abbilden, an der neben den gesetzlichen Krankenkassen auch die Kassen(zahn)ärztlichen Vereinigungen, die Ärzte und Zahnärzte als Leistungserbringer, die Medizinischen Dienste der Krankenversicherung und weitere Institutionen sowie die Versicherten und Patienten beteiligt und ihrerseits bereit sind, sich im Rahmen eines *informationellen Netzwerks* in den Datenfluss einzubringen – auch wenn nicht für jede dieser Gruppen der (finanzielle) Nutzen auf der Hand liegt. Dem liegt zugrunde, dass krankenversicherungsrechtliche Leistungen nur dann gewährt werden können, wenn der jeweils Leistungsverpflichtete über die entsprechenden Daten der Leistungsberechtigten und der Leistungserbringer verfügt. Diese Daten bilden zum einen die grundlegende Voraussetzung für die Leistungsgewährung. Andererseits dient ihre Verfügbarkeit auch der Kontrolle und Beurteilung von Rechtmäßigkeit und Wirtschaftlichkeit der individualisierten Leistungserbringung.[5]

Schon im Rahmen des herkömmlichen Sozialdatenschutzes stellt sich dazu allerdings und einerseits aus der Sicht des im Grundgesetz verankerten *Rechts auf informationelle Selbstbestimmung* das Problem, welche Daten die Krankenkassen unter der Geltung des Erforderlichkeitsgrundsatzes wirklich benötigen, um Höhe und Umfang des für die notwendige und wirtschaftliche Behandlung (§ 70 SGB V) zu überweisenden Gesamtbetrags der Vergütung zu bestimmen. Ande-

---

4 *Menzel*, Informationelle Selbstbestimmung in Projekten der Gesundheits-Telematik, DuD 2006, S. 148 ff.; siehe ferner *Pitschas*, Verhdlg. 62. DJT, Bd. II/1, 1998, S. M 9 (62 f.); *Weichert* (o. Fn. 2), S. 393 ff.; zum Patientengeheimnis s. *Laufs*, Arztrecht, 5. Aufl. 1993, RdNrn. 8, 424 ff., 429 ff.
5 *Bales* (o. Fn. 2), S. 728 ff.; *Michels* (o. Fn. 3), RdNrn. 1, 2.

rerseits werden diese Daten von den Medizinischen Diensten zu Kontrollzwecken benötigt. Sie dürfen gem. § 276 SGB V erhoben und gespeichert werden. Dagegen aber fordern das dem Recht auf informationelle Selbstbestimmung verbundene Patientengeheimnis und die ärztliche Schweigepflicht den *Datenverkehrsschutz* ein.[6] Dabei spielt u. a. eine Rolle, dass die Wirtschaftlichkeit der Leistungserbringung letztlich nur durch die Zuordnung der erhobenen Daten zum Patienten und zum behandelnden Arzt zu beurteilen ist. Andernfalls lassen sich die Steuerungsparameter einer wirtschaftlichen ambulanten Krankenversorgung nicht umfassend einsetzen. Auf dieser Grundlage hat sich bereits jetzt mit dem Übergang von der fall- zur patientenbezogenen Abrechnung ambulanter und stationärer Behandlungen die Möglichkeit ergeben, verbunden mit den Daten zur Medikation umfassende *Patienten- und Krankheitsprofile* zu erstellen.

M. a. W. gleicht es der Quadratur des Kreises, einerseits Informationen über Patienten, das Arztgeheimnis sowie Daten über die Art und Weise der Leistungserbringung zu schützen, gleichzeitig aber die Wirtschaftlichkeitssteuerung durch die GKV mittels eben dieser Informationen zu ermöglichen. Hinzu kommt, dass die Grundsätze der Datenverarbeitung, wie sie im SGB V festgelegt sind, weder aus verfassungsrechtlich-datenschutzrechtlicher Sicht noch aus rechtsstaatlich-gesetzesrechtlicher Perspektive ihren Schutzzweck ohne Risiken erfüllen; sie stellen ein problematisches Stückwerk dar. Es hat nicht verhindern können, dass es schon längst den „gläsernen Patienten", soweit er in der sozialen Krankenversicherung Mitglied ist, und den „gläsernen Vertragsarzt/Vertragszahnarzt" gibt.[7]

Die Einführung der eGK vergrößert diese Risiken in einem bisher nicht überschaubaren Maß, wenn von den bislang festgelegten Pflichtanwendungen auf die künftigen (freiwilligen) Anwendungen – Daten für die Notfallversorgung, elektronischer Arztbrief, elektronische Patientenkarte, eigene Dokumentation des Versicherten („Patientenfach") oder auch Arzneimitteltherapiesicherheitsprüfung – übergegangen wird. Insofern geht es darum, schon heute alles vertretbar Mögliche zum Schutz der Vertraulichkeit und Integrität der Daten zu unternehmen. Dafür ist eine datenschutzorientierte *Telematikinfrastruktur* erforderlich, die ein hohes Schutzniveau insbesondere bei der Verschlüsselung und gegen

---

6 *A. Maier*, Der rechtliche Schutz patientenbezogener Gesundheitsdaten, Diss. Münster 2002, passim. Dem patientenbezogenen Datenaustausch zwischen den Hausärzten und anderen Leistungserbringern regelt deshalb gesondert § 73 Abs. 1b SGB V, vgl. *Binne*, Sozialdatenschutz, in: v. Maydell/Ruland/Becker (Hrsg.), Sozialrechtshandbuch (SRH), 4. Aufl. 2008, § 10 RdNr. 227; ebd. auch zur Nutzung der eGK (RdNr. 224; *Laufs* (o. Fn. 4), RdNrn. 420 ff.

7 Zur Kritik daran schon früher *Pitschas* (o. Fn. 4), S. M. 61 f.; unkritisch aber *Binne* (o. Fn. 6), RdNrn. 217 ff.; dagegen zutr. *Peters* (o. Fn. 3), RdNr. 4.

gewillkürte Entschlüsselung gewährleistet.[8] Hierin liegt der einzige Weg, um die Möglichkeiten der Informationstechnik zu nutzen, die diese unzweifelhaft für eine effektivierte medizinische Behandlung bietet, gleichzeitig aber den Missbrauch der anfallenden Daten zu unterbinden. Zu erwarten steht, dass mit einer solchen Telematikinfrastruktur die seit langem angemahnte Information von Patienten wie von Ärzten verbessert werden könnte und die Qualitätssicherung medizinischer Behandlung an Intensität gewinnt. Zugleich ergeben sich durch die Informatisierung erhebliche Rationalisierungsvorteile bei der Leistungserbringung.[9]

2. Die elektronische Gesundheitskarte als Wegbereiter der Telematik im Gesundheitswesen

In diesem Sinne fungiert die eGK als *Wegbereiter der Telematik* im Gesundheitswesen. Sie gehört weltweit zu einem der größten Telematik-Projekte im Gesundheitssektor.[10] Die schrittweise Ablösung der Krankenversichertenkarte durch die eGK ist in diesem Zusammenhang nur ein Nahziel; doch schon insoweit wird sie das Gesundheitssystem in Deutschland revolutionieren. Allerdings geht es nicht allein um Effizienzgewinne bei der Versorgung der Versicherten in der GKV und ggf. in der privaten Krankenversicherung (§ 291a Abs. 1a SGB V). Vorrangiges Ziel des Projekts, das im Jahr 2003 durch das GKV-Modernisierungsgesetz rechtsförmlich beschlossen wurde,[11] sind nicht Kosteneinsparungen mit erheblicher Bedeutung für die finanzielle Lage des Gesundheitssystems in Deutschland. Vielmehr sollen durch Optimierung der Kommunikation die Behandlungsabläufe verbessert sowie die Qualität der medizinischen Versorgung gesteigert werden. Angestrebt ist insbesondere die schnellere und sicherere administrative sowie medizinische Kommunikation zwischen allen Beteiligten. Durch innovative Informations- und Kommunikationstechnologien werden Ärzte und Pflegepersonal überdies von Routinetätigkeiten entlastet und Fehlerquellen, wie beispielsweise falsche Medikation, ausgeschlossen. Dies bedingt, dass die genannten Akteure mit entsprechender Soft- und Hardware

---

8 *Weichert*, Datenschutzrechtliche Anforderungen an Chipkarten, DuD 1997, S. 266 ff.; *Roßnagel-Weichert*, Handbuch Datenschutzrecht, 2003, 9,5 Chipkarten, RdNrn. 15, 33.
9 *Bales* (o. Fn. 2), S. 18; *Middeke*, DMW 132 (2008), S. 417 ff.
10 *Hillienhof*, Viel Feind, viel Ehr?, DÄBl. 2007, S. 18 ff.
11 A. a. O. (o. Fn. 1).

ausgestattet und miteinander vernetzt werden. Erforderlich wird damit eine neue informationstechnische Kommunikationsinfrastruktur.[12]

Zu deren Entwicklung hat der Gesetzgeber den Spitzenverband Bund der Krankenkassen, die Kassenärztliche Bundesvereinigung (KBV), die Kassenzahnärztliche Bundesvereinigung (KZBV), die Bundesärztekammer, die Bundeszahnärztekammer, die Deutsche Krankenhausgesellschaft sowie die für die Wahrnehmung der wirtschaftlichen Interessen gebildete maßgebliche Spitzenorganisation der Apotheker auf Bundesebene gem. § 291a Abs. 7 SGB V verpflichtet. Sie müssen die für die Einführung und Anwendung der elektronischen Gesundheitskarte und insbesondere des elektronischen Rezeptes sowie der elektronischen Patientenakte erforderliche „interoperable und kompatible Informations-, Kommunikations- und Sicherheitsinfrastruktur (Telematikinfrastruktur)" schaffen. Die genannten Organisationen nehmen diese Aufgabe durch eine eigens hierfür auf der Grundlage des § 291b SGB V gegründete *Gesellschaft für Telematik* („gematik") wahr; diese trifft die Regelungen zur Telematikinfrastruktur sowie für deren Aufbau und Betrieb. Ihr gesetzlicher Auftrag besteht weiterhin darin, die Betriebsverantwortung für die sichere und interoperable Telematikinfrastruktur auf Dauer zu übernehmen sowie die Komponenten, Systeme, Anwendungen sowie Dienste und Dienstleister zur sicheren interoperablen Telematikinfrastruktur zuzulassen.

Derzeit liegt bereits die „Blaupause" für die dementsprechend konzeptionierte Telematikinfrastruktur vor (§ 291b Abs. 1 S. 3 SGB V). Zugleich hat die *gematik* inzwischen die Architektur des Internetbetriebs mit der eGK abgeschlossen. Sie bezieht auf der einen Seite die Arztpraxis bzw. weitere zugriffsberechtigte Personen in die Telematikinfrastruktur ein und sie schließt auf der anderen Seite diese mit größtmöglicher Sicherheit vor weiteren Zugriffen ab. Die Daten werden anschließend über Rechenzentren verschlüsselt übertragen, ohne dass deren Betreiber Einblick in die Daten nehmen kann. Vom Inhaber der eGK darf im Übrigen nicht verlangt werden, den Zugriff auf die Daten gesetzlich nicht berechtigten Personen oder zu anderen Zwecken als denen der Versorgung der Versicherten, einschließlich der Abrechnung der zum Zwecke der Versorgung erbrachten Leistungen zu gestatten.

Das gesamte Projekt befindet sich allerdings noch im Stadium der Erprobung. Neben einzelnen Testmaßnahmen zur Einführung der eGK haben die Gesellschafter der *gematik* den sog. „*Basisrollout*" der eGK beschlossen. Der erste Schritt hierbei liegt in der Ausstattung der Ärzte und Krankenhäuser mit geeig-

---

12 *Lücke/Köhler*, Die elektronische Gesundheitskarte, DMW 2007, S. 484 ff.; *Meister*, Elektronische Gesundheitskarte: Basis einer neuen Kommunikationsinfrastruktur im Gesundheitswesen, KH 2005, S. 741 ff.

neten Lesegeräten. Sind die damit einverstandenen Leistungserbringer entsprechend ausgerüstet, werden die ersten elektronischen Gesundheitskarten ausgegeben.[13] Allerdings stehen die Finanzierungsvereinbarungen zu alledem noch nicht endgültig fest; es fehlt auch an der Verfügbarkeit von Kartenterminals. Vermieden werden soll, dass die Versicherten neben der Krankenversichertenkarte gleichzeitig eine eGK mitführen müssen.[14]

Nach dem in unterschiedlichen Regionen durchgeführten sog. „Rollout" soll dann das *Onlineverfahren* für die gesamte Nutzung der Telematikinfrastruktur eingeführt werden. Diese wiederum vernetzt Leistungserbringer mit Versicherten bzw. Patienten und Kostenträgern. Gedacht ist an eine „offene Plattform" für alle Dienstleister und alle Arten von Diensten im Gesundheitswesen.[15] Der damit verbundene Zugriff auf Daten darf aber nur in Verbindung mit einem elektronischen Heilberufsausweis bzw. einem entsprechenden Berufsausweis erfolgen. Hierfür hat der Gesetzgeber weitere eigene Regeln zur Verbindung der eGK mit Heilberufsausweisen oder Berufsausweisen sowie zur Einführung eines elektronischen Berufsregisters getroffen. Erforderlich wird insoweit die Einrichtung einer eigenen *Registerbehörde*, die auf noch zu schaffender gesonderter gesetzlicher Grundlage Register- und Trustcenterfunktionen übernehmen soll.[16]

3. Telematik im Gesundheitswesen und „Electronic Health": Auf dem Weg zu einer Netzinfrastruktur

Die eGK erweist sich nach alledem als der zentrale „Knoten" im Netz der Anwendung von IT-Systemen zur Verarbeitung von Gesundheitsdaten. Sie gehört damit in den Zusammenhang von „Electronic Health (e-Health)". Deren Kennzeichen sind vor allem die Vernetzungsbestrebungen im Gesundheitswesen als direkte Reaktion auf die wachsende Informationsgesellschaft. In dieser ist auch die Informatisierung des Gesundheitswesens unvermeidlich. E-Health ist insofern eine Beschreibung für alle Leistungen, Qualitätsverbesserungen und Ratio-

---

13 Zur Einführung der eGK s. statt anderer *Hackenberg/Matthies*, Die elektronische Gesundheitskarte – Einführung in Testregionen hat begonnen, ErsK 2007, S. 60 f.; *Krüger-Brand*, Vor dem Rollout, DÄBl. 2008, S. B 1675 f.; *Spadzinski*, KV 2006, S. 133 ff.
14 Vgl. *Bohsen*, Schlappe für Ulla Schmidt. Trotz jahrelanger Vorbereitung kann Gesundheitskarte vorerst nicht eingeführt werden, Südd. Zeitung v. 4.11.2008, S. 6.
15 *Meister* (o. Fn. 12), S. 741 ff.
16 Vgl. nur *Meister*, Elektronische Heilberufsausweise – Herausgabe und Nutzung im Krankenhaus, KH 2006, S. 674 ff.; *Schmidt-Jähn*, Zukünftige Ausgestaltung und notwendige rechtliche Voraussetzungen der Infrastruktur der Telematik für die Einführung des Heilberufsausweises, des elektronischen Gesundheitsberufe-Registers und der eGK, Vortrag am 19.11.2008 auf dem 2. Deutschen Zahnärzte-Symposium in Berlin.

nalisierungseffekte, die durch eine Digitalisierung von Datenerfassungs- und Kommunikationsprozessen im Gesundheitswesen erreichbar sind. Beispielhaft hierfür stehen entsprechende Definitionen. Sie unterstreichen vor allem die Potenziale einer entsprechenden direkten Anwendung von e-Health für die Modernisierung der GKV sowie eines vernetzten Datenmanagements zwischen Versicherten, Patienten, Leistungserbringern und anderen Beteiligten im Gesundheitssektor.[17] Zudem scheint die eGK als direkte Anwendung von e-Health „in die Entwicklung einer Kommunikationsinfrastruktur eingebettet, die gesicherte und vertrauliche Kommunikationsmöglichkeiten" bereitstellt.[18] In diesem Zusammenhang sind zugleich die mit dem vernetzten Gesundheitsmarkt einhergehenden Vorteile einer umfassenden Patientenautonomie zu nennen.

Die eGK stellt somit ein *Telematik-Infrastrukturprojekt* im Rahmen von e-Health dar. Sie umfasst nach der Art eines sog. Zwiebelschalenmodells eine Reihe verdeckter, aber gleichrangiger Ziele zugunsten ihrer vielfältigen Nutzer. Zu diesem Zweck wird ein obligatorisches, teilweise freiwilliges administratives und optional medizinisches Datenmanagement aufgebaut.

Wie die rechtlichen Regelungen des § 291a SGB V und dessen systematische Stellung im SGB V zeigen, hat der Gesetzgeber zunächst allerdings an den Versorgungsauftrag der GKV mit seiner Verpflichtung auf das Wirtschaftlichkeitsziel gedacht. Damit aber stehen der Patientenschutz und die Vertrauensgemeinschaft zwischen Ärzten und Patienten vor weiteren (und neuen) Herausforderungen des Datenschutzes an die moderne Kommunikationstechnik.[19] Dies gilt einerseits im Hinblick auf die Funktion der Telematik, spezialisierten weiteren ärztlichen Sachverstand „von außen", etwa als Zweitmeinung, in die Behandlung des Patienten einzubeziehen. Der behandelnde Arzt wird dadurch und auch im Hinblick auf alle anderen telematik-gestützten Kommunikationen vom Arzt des Vertrauens zum Datenverwalter, der Patientendaten an Dritte weiterreichen soll. Es liegt nahe, die dabei auftretenden Probleme der ärztlichen Schweigepflicht und Patienteneinwilligung im Zusammenhang gegenwärtig entstehender „Strukturnetze" und geschlossener Kliniknetze, aber auch vor dem Hintergrund von Datenmissbräuchen zu diskutieren.[20] Andererseits und noch viel schwieriger

---

17 GVK (Hrsg.), eHealth 2005 – Telematik im Gesundheitswesen – Elektronische Gesundheitskarte: Kernelement sektorübergreifender IT-Anwendungen, 2005.
18 *Dietzel*, Auf dem Weg zur europäischen Gesundheitskarte und zum e-Rezept, in: Jähn/Nagel (Hrsg.), e-Health, 2004, S. 2 (4).
19 Vgl. nur *Groß*, Mehr Gesundheit mit Karte? Die elektronische Gesundheitskarte und die Beziehung zwischen Arzt und Patient, 2007, passim; *Laufs/Uhlenbruck-Schlund*, Handbuch des Arztrechts, 3. Aufl. 2002, § 76 RdNrn. 15 ff.
20 Dazu etwa der Bericht von *Krüger-Brand*, Zweitmeinung per Mausklick, DÄBl. 2008, S. B 1432 ff.; *Schlund* (o. Fn. 19), Rdnrn. 1 ff.

sind freilich die Rechtsfragen zu beantworten, die mit dem Umstand verbunden sind, dass informationstechnische Kommunikationsinfrastrukturen als solche immer mehr personenbezogene Daten aufnehmen und intransparent mit der Folge verborgener Realitäten verarbeiten. Ihre Einbindung in eine „interoperable und kompatible Informationsinfrastruktur" (§ 291b Abs. 7 S. 1 SGB V) ermöglicht den Zugriff auf alle verfügbaren Informationen, wobei dem Nutzer vielfach nicht bekannt ist, welche Software ihm noch „zu Diensten" ist oder zum Zugriff auf seine (eigene) Informationen genutzt wird – ungeachtet aller Verschlüsselungstechniken als Bestandteil der Gesamttelematik.[21]

Die „kleine" eGK droht auf diese Weise zur Metapher für eine in Entstehung befindliche, undurchsichtige, in ständiger Bewegung befindliche komplexe Infrastruktur der Informations- und Wissensvermittlung im Gesundheitswesen zu mutieren, auf die netzbasierte Kommunikation zugreift, ohne dass die Nutzer sie näher kennen oder gar kontrollieren können. In der Fachwelt wird insoweit von „Services in the Cloud" gesprochen.[22] Kontrollverluste sind hierbei unvermeidbar.

II. Netzinfrastruktur und sektorale Regulierungsfunktionen der elektronischen Gesundheitskarte

1. Einordnung von eGK und e-Health in den Kontext von „Electronic Government"

Damit hat es jedoch nicht sein Bewenden. Ebenso wie die eGK als Anwendung in Bezug auf e-Health nur einen Teilbereich dieses Gebiets darstellt, bildet sie mit ihren Funktionen, Komponenten und Anwendungen im Gesundheitswesen einen Bestandteil des in der Bundesrepublik Deutschland schon seit längerem vorangetriebenen *Electronic Governments* (e-Government). Dieses meint unter Einschluss von e-Health „die elektronische Abwicklung der Geschäftsprozesse von Verwaltung und Regierung. Das e-Government-Angebot – vor allem die Online-Dienstleistungen der Behörden – richtet sich an Bürgerinnen, Bürger, Unternehmen und Verwaltungen. Ihnen stehen rund um die Uhr die Online-

---

21 Vgl. die Beiträge in Dierks/Feussner/Wiencke (Hrsg.), Rechtsfragen der Telemedizin, 2001. In einer nichtöffentlichen Kammerentscheidung über eine Verfassungsbeschwerde gegen § 291a SGB V und andere Normen vom 13.02.2006 – 1 BvR 1184/04 – spricht das BVerfG hierzu von „durchaus gewichtigen verfassungsrechtlichen Fragen" (S. 7 des Umdrucks), die aber wegen Unzulässigkeit der Beschwerde nicht näher behandelt werden.

22 *Hoffmann-Riem*, Der grundrechtliche Schutz der Vertraulichkeit und Integrität eigengenutzter informationstechnischer Systeme, JZ 2008, S. 1009, 1011 (1013 m. Anm. 20).

Datenbanken, Portale und Homepages von Behörden sowie umfassende Beratungsmöglichkeiten zur Verfügung."[23] M. a. W. handelt es sich bei e-Government vor allem um die elektronische Abwicklung von Kommunikationsprozessen, in deren Mittelpunkt der Kunde, besser der Bürger – und hier der Versicherte bzw. Patient – mit ihren Bedürfnissen stehen. Der Gesetzgeber und die Verwaltung versuchen, diesen Bedürfnissen mit Hilfe moderner Informations- und Kommunikationstechnologien nachzukommen. Auch e-Health unterfällt dieser Zielsetzung; die eGK und e-Health können deshalb unschwer in den Gesamtkontext von e-Government eingeordnet werden, der auch sog. Public-Private-Partnerships umfasst.

E-Government verfügt vor diesem Hintergrund über mehrere Dimensionen. Zu diesen gehört einerseits wegen des Interaktionsbezugs von Informationen und Kommunikation die *soziale Akzeptanz* der entsprechenden Technik. Bedauerlicherweise sind aber bislang mit der Einführung der eGK soziale Kontextfaktoren im Zusammenspiel zwischen Leistungserbringern, Krankenhäusern und Leistungsempfängern, den Patienten, kaum getestet worden. Doch erschließen sich die Potentiale der Telematikinfrastruktur nur so weit, wie es durchgehende Akzeptanz und Zufriedenheit aller Beteiligten mit ihr gibt. Das ist insbesondere auf Seiten der Leistungserbringer außerordentlich zweifelhaft.[24]

Eine weitere Dimension von e-Government neben der Akzeptanzorientierung stellt andererseits die rechtliche Überlagerung durch das *Europarecht* dar. Denn e-Government wird immer stärker auch von gemeinschaftsrechtlichen Regelungen und insbesondere der *Europäischen Dienstleistungsrichtlinie* überlagert.[25] Diese verlangt auch bei Gesundheitsdienstleistungen vor allem einen einheitlichen Ansprechpartner mit einem in allen Bundesländern Deutschlands gleichen Leistungsspektrum sowie eine größtmögliche Einheitlichkeit bei der Verortung. Es ist derzeit nicht abzusehen, wie diese gemeinschaftsrechtliche Anforderung durch das Rollout der eGK erfüllt wird bzw. erfüllt werden kann.

Vor allem aber braucht eGovernment umfassendes *Vertrauen* der Akzeptanzpartner. Doch die Datenschutzskandale der vergangenen Jahre sind kaum dazu angetan, dieses Vertrauen in die vielfältigen Funktionen von e-Government zu wecken bzw. zu bestärken. Die Unbekümmertheit, mit der selbst Großkonzerne

---

23 *Reinermann/Lucke*, Electronic Government in Deutschland, 2002, S. 1; erweitert bei *Wirtz/Ullrich/Mory*, e-Health-Akzeptanz der elektronischen Gesundheitskarte, Discussion papers des Dt. Forschungsinstituts für öffentliche Verwaltung Speyer, H. 44, 2008, S. 15 m. Anm. 43.
24 *Wirtz et al.* (o. Fn. 23), bes. S. 21 ff., 17 ff.
25 RiL 2006/123/EG des Europäischen Parlaments und des Rates v. 12.12.2006 über Dienstleistungen im Binnenmarkt, ABl. L 376/36 v. 27.12.2006.

vertrauliche Kundendaten anderen überlassen, macht stutzig.[26] Dazu trägt die Intransparenz der rechtlichen Gestaltung aller Informationsgrundlagen im SGB V für den Versicherten bei.[27] Zudem fehlt bislang jeglicher empirischer Nachweis einer Verbesserung von Wirtschaftlichkeit, Transparenz und Qualität der Leistungserbringung.

2. Sektorale Regulierungsfunktionen von e-Government

Ein effektiver Schutz der von der eGK erfassten Daten und der mittels ihres Einsatzes aufgenommenen Kommunikation muss deshalb nicht nur den Zugriff ungewollter Dritter ausschließen, sondern auch ein *systembezogenes Vertrauen* garantieren. Die eGK darf nicht zur „Vertrauensfalle" werden. Dies gilt vor allem angesichts der mit ihr verbundenen Regulierungsfunktionen im Rahmen von e-Government.

Diese knüpfen an das Verständnis von „Regulierung" als legitimem „Zentral- und Sammelbegriff für allen notwendigen staatlichen Steuerungsmaßnahmen hinsichtlich der (öffentlichen und) privatwirtschaftlichen Leistungserbringung" an.[28] Daraus wird bereits ersichtlich, dass es sich bei den Maßnahmen, die sich mit der eGK verbinden und denen diese dient, nicht um ein reines Privatisierungsfolgenrecht handelt. Hervor treten vielmehr und in Bezug auf die Kartennutzung die klassischen Aufgaben des Staates wie z. B. die der Gefahrenabwehr und des Datenschutzes sowie Elemente der Wirtschaftsaufsicht. Denn es werden nicht nur der Zugang zum Gesundheitsmarkt, sondern auch das marktbezogene Verhalten gesteuert (und kontrolliert). Regulierungsrecht im Gesundheitswesen[29] unterliegt, wie auch andere Sektoren des Regulierungsverwaltungsrechts, insoweit im europäischen Binnenmarkt als eine Teilmenge des Verwaltungsrechts in besonderer Weise den Einflüssen des nationalen und Gemeinschaftsrechts.

---

26 Zu der entsprechend von der BReg geplanten Verschärfung des Schutzes von „Bürgerdaten" vgl. den Bericht in FAZ v. 5.9.2008, S. 4 sowie aus rechtlicher Perspektive *Bull*, Neue Bewegung im Datenschutz, ZRP 2008, S. 233 ff.
27 S. am Bsp. des Informationsverhaltens auf Seiten des G-BA und des IQWiG statt aller *Pitschas*, Information der Leistungserbringer und Patienten im rechtlichen Handlungsrahmen von G-BA und IQWiG: Voraussetzungen und Haftung, MedR 2008, S. 34 ff.; *Wegener*, Transparenz im Gesundheitswesen – die Informationspflicht des Gemeinsamen Bundesausschusses nach dem Informationsfreiheitsgesetz, NZS 2008, S. 561 ff.
28 *Schliesky*, Öffentliches Wirtschaftsrecht, 2. Aufl. 2003, S. 251 w. w. N.
29 Zu dessen Genese vgl. *Pitschas*, Nationale Gesundheitsreform und europäische „Governance" der Gesundheitspolitik, VSSR 2002, S. 75 (81 ff.); *Kingreen*, Das Sozialvergaberecht, SGb 2008, S. 437 (439 ff.).

Hierzu trägt die Informationstechnik-gestützte Art und Weise der Regulierung bei. So ergänzt die im Systemverbund von eGK, e-Health und Telematik im Gesundheitswesen errichtete *Netzinfrastruktur* die im Gesundheitssektor schon längst im Gang befindliche Entwicklung eines spezifischen Regulierungsrechts:[30] In einer Abfolge von gesetzgeberischen Einzelschritten sind mittlerweile die Gesundheits-(Teil-)märkte neu formiert und dem Wettbewerb unterworfen worden. Mit dem Dreigestirn des Gemeinsamen Bundesausschusses, des Spitzenverbandes Bund und des Bundesversicherungsamtes, das durch das Gesetz zur Weiterentwicklung der Organisationsstrukturen in der gesetzlichen Krankenversicherung (GKV-OrgWG) und Beitragssatzverordnung (GKV-BSV)[31] eigenständige Regulierungsfunktionen im Zusammenhang mit der Insolvenz bzw. Schließung gesetzlicher Krankenkassen erhalten hat, ist vom Gesetzgeber ein Sondersystem der öffentlich-rechtlichen Steuerung im Gesundheitswesen nach eigenen Regeln etabliert worden. Hiermit sind vielfältige Governance-Beziehungen verbunden.

Die eGK verstärkt die diesem Regulierungsgefüge innewohnende Steuerungskraft, indem sie die notwendigen Steuerungsdaten über die Regelungsgesamtheit der §§ 291 Abs. 2 und 2a, 291a Abs. 2 Satz 1 Nr. 1 SGB V schon heute – wie es im Gesetzestext auch heißt: „zur Abrechnung" – verfügbar macht. Weitere Schritte zur „Öffnung" der Verwendungssperre in § 291a Abs. 3 und Abs. 5 SGB V werden mit Gewissheit im Zuge späterer Regulierungsschritte folgen – es sei denn, grundrechtliche Sperrwirkungen würden den Gesetzgeber der Zukunft hieran hindern.[32]

3. Regulierung der Gesundheitswirtschaft und Rationierung von Gesundheitsleistungen durch e-Government

Jedenfalls drängen einerseits und zunächst die *gesundheitswirtschaftlichen Perspektiven* der Gesundheitstelematik nach weiterer Regulierungstiefe. Schon die eGK führt mit ihrer Einpassung in die Telematik-Infrastruktur und mit ihrem Pflegeaufwand zu einem „Run" privater Kartenanbieter und Telematik-Gesellschaften auf den Ausbau der Netzinfrastruktur.[33]

---

30 Dazu näher (aber unvollkommen in der Analyse) *Kingreen* (o. Fn. 29), S. 439 ff.
31 BR-Drs. 733/08; verabschiedet am 17.10.2008 im Dt. Bundestag unter Mitwirkung des Bundesrates am 07.11.2008.
32 Vgl. nur *Förster*, E-Rezept und Arzneimitteldokumentation als zentrale Anwendungen der Gesundheitskarte, A&R 2006, S. 268 ff.
33 *Braun*, Telematik-Infrastruktur und Einführung der Gesundheitskarte, in: Eberspächer/Picot/Braun (Hrsg.), eHealth: Innovations- und Wachstumsmotor für Europa. Potenziale in einem vernetzten Gesundheitsmarkt, 2006, S. 61 ff.

Doch wird damit der wirtschaftliche Nutzen der Karte bei weitem nicht ausgeschöpft. Das Gesundheitssystem bezahlbar und leistungsfähig zu erhalten, dabei aber die Verteilungsgerechtigkeit zu wahren, fordert den Regulierungsinstanzen in Partnerschaft mit der privaten Wirtschaft datengestützte Steuerungsleistungen ab, die ihrerseits nur mit der im Aufbau befindlichen „interoperablen und kompatiblen Informations-, Kommunikations- und Sicherheitsinfrastruktur (Telematikinfrastruktur)" (§ 291a Abs. 7 Satz 1 SGB V) zu ermöglichen sind. Datenverzicht, wie er immer wieder und auch im Zusammenhang mit der eGK empfohlen wird,[34] müsste demgegenüber die Gesundheitswirtschaft im Mark treffen. Dies gilt in besonderem Maße für Arzneimittel in Bezug auf deren Kosten-Nutzen-Bewertung. Im Übrigen legen Ergebnisse jüngerer Studienanalysen den Schluss nahe, dass telemedizinische Strategien das Gesundheitswesen finanziell entlasten, weil sie zu einem Rückgang der stationären Behandlung führen.[35]

Damit allerdings und drittens führt der Blick auf die (unfertige) Netzinfrastruktur und den künftigen Einsatz der eGK in die Debatte um *Rationierung und Priorisierung von Gesundheitsleistungen* hinein. Denn Leistungsbegrenzungen im Gesundheitswesen sind unausweichlich; ärztliches Rationieren ist schon heute ein (verdeckter) Tatbestand. Der Einsatz der eGK als neue Technologie und Bestandteil der Telematikinfrastruktur kann dazu beitragen, ein praktikables Konzept vorgängiger Rationalisierung der Leistungsreserven im Gesundheitssektor – das seinerseits ein Element der Rationierung darstellen muss – zu entwickeln, wenn man nur die der Karte eingebundenen Potentiale trotz der ihr innewohnenden erheblichen *Risiken* auszuschöpfen bereit ist.

4. Regulatorische Risiken: Datenschutz und Datensicherheit

Klassische „marktliche" Risiken von Regulierungsstrategien sind in den vergangenen Jahren aus ökonomischer Perspektive intensiv analysiert worden. Dagegen haben vom Staat und insbesondere seinem Regulierungssystem ausgehende Risiken weniger Beachtung gefunden.[36] Von daher sind bislang die von der im Entstehen befindlichen Netzinfrastruktur des deutschen Gesundheitswesens ausgehenden Interventionsrisiken nicht betrachtet worden.

---

34 Süddt. Zeitg. v. 04.11.2008, S. 4 („Ungeliebte Patientenkarte").
35 von *Lutteroth*, Ärzte mit Weitblick. Die Telemedizin erleichtert die Patientenbetreuung, FAZ v. 26.11.2008, S. N 2 unter Verweis auf die Zschr. „Telemedicine and e-Health", Bd. 14, 2008, S. 679.
36 Vgl. Blum (Hrsg.), Regulatorische Risiken. Das Ergebnis staatlicher Anmaßung oder ökonomisch notwendiger Intervention?, 2009 (i. Ersch.).

Riskant erscheint insoweit und einerseits die *Sicherheit* der gespeicherten Daten. Zudem ist unklar, wo die umfangreichen Gesundheitsdaten gespeichert werden, auf die man mit der eGK zugreifen kann. Es ist wichtig, dass sie vor missbräuchlicher Verwertung gesichert sind, gerade wenn man die Verwaltung und Pflege der Daten über Public-Private-Partnerships, also mit Unterstützung von Wirtschaftsunternehmen organisiert. Jedenfalls enthält die Vorschrift des § 291a Abs. 2 SGB V keine Regelung dazu, an welchem Speicherort die Daten zu speichern sind. Der Gesetzgeber hat dies für den Bereich der ärztlichen Verordnung – ebenso wie für die freiwilligen Anwendungen – offen gelassen und statt dessen zu dieser Frage nur die Rahmenbedingungen einschließlich der Datenschutzanforderungen definiert. Dadurch soll es möglich werden, die konkrete Ausgestaltung entsprechend dem jeweiligen Stand der Technik vorzunehmen und darin auch neue Erkenntnisse einzubeziehen. Umgekehrt sind damit aber auch – und dies übersieht z. B. der Bundesbeauftragte für den Datenschutz und die Informationsfreiheit[37] – gravierende Sicherheitsgefährdungen verbunden. Dies gilt umso mehr, als die elektronischen Verordnungen als Massenanwendung hohe Anforderungen an die Verfügbarkeit des Systems stellen, so z. B. im Hinblick auf mögliche Serverausfälle. An diesen Befürchtungen ändern Versicherungen nichts, dass die Architektur der eGK ein größtmögliches Sicherheitsniveau vorsehen würde. Der Umstand, wonach der Einlass in die Telematikinfrastruktur über hochsichere Chipkarten ermöglicht wird, dürfte jedenfalls den Fortschritt der Technik nicht hindern.

Auch Hinweise auf die *ergebnisoffene Testung* der Karteneinführung helfen an dieser Stelle nur wenig. Denn erst die Einführung des Onlineverfahrens bedeutet den „Ernstfall", der im Test eben nicht vorherzusehen ist. Dann erst wird nämlich die gesamte komplexe Infrastruktur endgültig bereitgestellt und genutzt. Hinzu kommt, dass die *Akzeptanz* der eGK nur gesichert scheint, wenn Patienten und Leistungserbringer vom Nutzen der Karte überzeugt sind; dann erst wird sie auch wirklich angenommen. Im ärztlichen Bereich entsteht außerdem das Problem, dass den Kosten der Karte vorerst kein entsprechender Zusatznutzen für die Patienten gegenüber steht.

Vor allem aber rücken Fragen des *Datenschutzes* in den Mittelpunkt des rechtswissenschaftlichen Interesses.[38] Ausgangspunkt für entsprechende Erörterungen ist einerseits das *Grundrecht auf informationelle Selbstbestimmung* gem. Art. 2 Abs. 1 i. V. m. Art. 1 Abs. 1 GG. Es umfasst die aus dem Gedanken der Selbstbestimmung folgende Befugnis des Einzelnen, grundsätzlich selbst zu entscheiden, wann und innerhalb welcher Grenzen persönliche Lebenssachverhalte of-

---

37 Schreiben vom 06.09.2007 an die Kassenzahnärztliche Bundesvereinigung, das mir diese in Kopie verfügbar gemacht hat.
38 Ebenso KassKomm – *Peters* (o. Fn. 3), § 291a RdNrn. 5-16.

fenbart werden.[39] Der Gesetzgeber hat dieser verfassungsrechtlichen Forderung zwar durch die Gestaltung des § 291a Abs. 3 Sätze 3 und 4 sowie in Abs. 5 Satz 1 SGB V Rechnung getragen. Mit dem Erheben, Verarbeiten und Nutzen von Daten der Versicherten dürfe erst begonnen werden, so legt der Gesetzgeber fest, wenn diese jeweils gegenüber dem Arzt/Zahnarzt ihre *Einwilligung* dazu erklärt haben. Diese ist jederzeit widerruflich und auf der Karte zu dokumentieren. Es scheint so, als ob hiermit den Belangen des Rechts auf informationelle Selbstbestimmung Rechnung getragen würde. Wir wissen jedoch, dass die Versagung der Einwilligung auf der einen Seite den Ausschluss von der Leistungserbringung auf der anderen Seite nach allgemeinen Mitwirkungspflichten im Sozialleistungssektor (§§ 60 ff. SGB I) zur Folge hat.

Doch ist das nicht das einzige Risiko. Daneben stellt sich das Problem der Speicherung und Übermittlung *unrichtiger Daten*. Der behandelnde Arzt bzw. der Leistungserbringer muss deshalb, möchte er nicht riskieren, seine Behandlung auf falsche Daten zu stützen, die erforderlichen Informationen immer wieder neu erheben. Insoweit werden Effizienz und Nutzen der eGK von erheblichen praktischen Nachteilen überwogen.

III. Notwendigkeit eines „neuen" Datenschutzes im Rahmen der Netzinfrastruktur

1. Das Grundrecht auf informationelle Selbstbestimmung als unvollkommener rechtlicher Rahmen der elektronischen Regulierung

Das *Grundrecht auf informationelle Selbstbestimmung* vermag auf die gestellten Fragen keine ausreichenden Antworten zu geben. Zwar genießt der hierauf gestützte Datenschutz europaweit Grundrechtsstatus, doch fehlt bislang eine entsprechende Formulierung im Grundgesetz.[40] Gleichwohl bildet heute das Recht auf informationelle Selbstbestimmung die Grundlage des modernen Datenschutzrechts in Deutschland und in der Europäischen Union. Mit ihm ist nicht vereinbar, dass der Bürger mit Blick auf staatliches *und* privates Handeln nicht mehr weiß, wer was wann und bei welcher Gelegenheit über ihn an Informationen zusammengetragen hat. Er muss, so will es die Grundrechtsgeltung, mit hinreichender Sicherheit überschauen, welche Informationen über ihn im Gesund-

---

39 BVerfGE 65, 1 (42).
40 *Künast*, ZRP 2008, S. 201 ff.; skeptisch aber nunmehr *Bull* (o. Fn. 26), S. 236; zur Entstehung des Rechts auf informationelle Selbstbestimmung s. nur *Scholz/Pitschas*, Informationelle Selbstbestimmung und staatliche Informationsverantwortung, 1984; *Steinmüller*, RdV 2007, S. 158.

heitssektor bekannt sind.[41] Denn, so sagt das BVerfG, wer das Wissen möglicher Kommunikationspartner nicht abzuschätzen vermöge, könne in seiner Freiheit wesentlich beeinträchtigt sein, aus eigener Selbstbestimmung zu planen oder zu entscheiden.[42] (Informationelle) Selbstbestimmung ist deshalb eine elementare Funktionsbedingung für die Handlungs- und Mitwirkungsfähigkeit des Bürgers in Bezug auf Entscheidungen im Gesundheitswesen, die seine Versicherten- und Patientenautonomie betreffen. Sie ist deshalb auch der Maßstab, der an jede neue Technologie und ihre Verwendung angelegt werden muss.

Freilich hat in der Vergangenheit nicht zuletzt die Rechtsprechung des BVerfG im Bereich der Sicherheitsgesetzgebung auf wachsende Bedrohungen für die Persönlichkeitsrechte durch eine umfassende Datenverarbeitung im Wege der Anwendung moderner Technologien hingewiesen.[43] Daneben haben umfangreiche Datenschutzverstöße sowohl in der Wirtschaft als auch in der Verwaltung die Bedeutung des Datenschutzes erneut in das Bewusstsein der Öffentlichkeit gerufen.[44] Vor diesem Hintergrund ist die Frage nach eventuellen Schutzdefiziten der §§ 291a und 291b SGB V allemal nachvollziehbar. Geht man ihr näher nach, so reist vor allem die Intensität technikgestützter Anwendung der eGK im Rahmen der Netzinfrastruktur und mit großer Streubreite, gegründet auf künftige Onlineverfahren, eine *Schutzlücke* in die Systemwirkung des Rechts auf informationelle Selbstbestimmung. Folgerichtig bietet sich der Rückgriff auf das vom BVerfG jüngst entwickelte und „lückenschließende" *Grundrecht auf Gewährleistung der Vertraulichkeit und Integrität informationstechnischer Systeme* an.[45]

---

41 Vgl. BVerfGE 65, 1 (43); *Pitschas* (o. Fn. 4), S. M 60 ff.; umfassender noch *Binne* (o. Fn. 6), RdNrn. 217 ff.
42 BVerfGE 65, 1 (43).
43 So zuletzt u. a. BVerfG, NJW 2008, 1505; zuvor BVerfG, NJW 2008, 822; vgl. ferner die Eilentscheidung zur Vorratsdatenspeicherung: BVerfG, NVwZ 2008, 543; aus der Literatur vgl. *Gola/Klug*, NJW 2008, S. 2481; *Hoeren*, MMR 2008, S. 365; *Kutscha*, NJW 2008, S. 1042; *Krings/Sachs*, Jura 2008, S. 481; *Pitschas*, FS F. E. Schnapp, 2008, S. 231.
44 Dazu schon oben im Text bei Fn. 26.
45 BVerfG, NJW 2008, 822; schon die Kammerentscheidung vom 13.02.2006 (o. Fn. 21) macht dann auch auf die Bedeutung des „Verwendungszusammenhanges" aufmerksam (S. 9 des Umdrucks); zur Senatsentscheidung von 2008 vgl. auch die „Interpretation" von *Hoffmann-Riem* (o. Fn. 22); s. ferner *Th. Böckeförde*, Auf dem Weg zur elektronischen Privatsphäre, JZ 2008, S. 925 ff.; *Britz*, Vertraulichkeit und Integrität informationstechnischer Systeme, DÖV 2008, S. 411 ff.

2. Neue grundrechtliche Maßstäbe für den Systemdatenschutz

Zur Entwicklung dieser Grundrechtsvariante aus Art. 2 Abs. 1 GG – und ohne Rückbezug auf Art. 1 Abs. 1 GG – hat das Gericht darauf verwiesen, dass der Einzelne inzwischen auf die Nutzung von IT-Systemen in einem hohen Maße angewiesen sei und dabei dem „System" persönliche Daten anvertraue bzw. zwangsläufig überlasse, so dass der bisherige Grundrechtsschutz nicht mehr effektiv sei. Der Zugriff auf die in IT-Systemen umfangreich enthaltenen persönlichen Daten gehe nämlich in seinem Gewicht für die Persönlichkeit des Betroffenen weit über einzelne Datenerhebungen, die dem Recht auf informationelle Selbstbestimmung unterliegen, hinaus.[46] Um diese Schutzlücke zu schließen, soll das neue Grundrecht nach dem Willen des BVerfG neben dem Interesse des Nutzers an der Vertraulichkeit der von einem IT-System erzeugten, gespeicherten und verarbeiteten personenbezogenen Daten auch die Integrität der genutzten Systeme einschließlich der vorhandenen Speicherinhalte schützen.[47]

Mit Blick auf die voraufgehend skizzierte und mittlerweile im Gesundheitswesen aufgebaute Netzinfrastruktur, in die sich die Anwendung der eGK nahtlos einfügt, setzt das „Grundrecht auf Gewährleistung der Vertraulichkeit und Integrität informationstechnischer Systeme" auch für den Ausbau der Telematikinfrastruktur sowie die Anwendung der eGK neue Maßstäbe. Denn diese ermöglicht es, einen Einblick in wesentliche Teile der Lebensgestaltung eines Versicherten/Patienten zu gewinnen oder gar im Falle seiner Behandlung ein aussagekräftiges Bild der Persönlichkeit zu erhalten. Letztlich lässt sich sogar über die im Einzelnen intransparente Zusammenführung von Daten auf der eGK mit der Rentenversicherungsnummer eine verborgene Realität des Patienten bzw. Versicherten i. S. eines Personenkennzeichens herstellen.[48]

Begrenzter in seiner Reichweite ist daneben zwar das Beispiel der in einem privaten Klinikkonzern möglichen Datenspeicherung und -verarbeitung. Gleichwohl fehlt auch hier der notwendige Schutz der Individualkommunikation; das Recht auf informationelle Selbstbestimmung vermag die medienbruchfreie interoperable Kommunikation zwischen Einrichtungen eines einzelnen Klinikkonzerns und seinen Mitarbeitern zur Behandlung eines Patienten sowie darüber hinaus zwischen weiteren Leistungsteilnehmern des Gesundheitssystems nur unvollkommen zu steuern. Werden nämlich Daten als Stream innerhalb eines geschützten Netzes genutzt, so ist die Rücknahme einer Einwilligung innerhalb

---

46 BVerfG (o. Fn. 45), RdNrn. 167, 169 ff., 177 ff.
47 BVerfG (o. Fn. 45), RdNrn. 167, 187 ff., 196 ff.; zweifelnd z. B. *Britz* (o. Fn. 45), S. 413 ff.; auch *Krings/Sachs* (o. Fn. 43), S. 482 ff.
48 Zum datenschutzrechtlich bestrittenen Verbot eines solchen Verfahrens s. nur *Binne* (o. Fn. 6), RdNr. 221 m. Anm. 317 und w. N.

eines solchen „virtuellen Behandlungsraumes" unmöglich. Dagegen hilft auch nicht, dass die Datenverbindung gekappt werden kann, ohne dass bei einem Zweitarzt oder anderen Beteiligten Daten verbleiben. In der Zwischenzeit sind jedenfalls die Daten offenbart und der Nutzung überantwortet.

Ein effektiver Schutz der auf der eGK zu speichernden Daten und der sie verbreitenden Kommunikation muss somit nicht nur den Schutz vor *Zugriff* auf sie umfassen, sondern auch den des *Vertrauens*, dass die eingesetzte Hard- und Software sowie insgesamt die genutzte informationstechnische Kommunikationsinfrastruktur nicht nur technologisch, sondern auch in den Anwendungskontexten so funktioniert, wie der Nutzer es erwarten darf. Die Konsequenz ist, dass er erst auf dieser Grundlage auf den Schutz informationstechnisch gespeicherter oder kommunizierter Daten *vertrauen darf*.[49]

3. Systemvertrauen und Integritätsschutz im Lastenheft der eGK

Deshalb sieht sich von Verfassungs wegen nunmehr und auf der Grundlage der neuen Rechtsprechung des BVerfG die *Vertraulichkeit* und *Integrität des informationstechnischen Systems* geschützt. Gewährleistet wird einerseits und in doppelter Weise das Interesse des Versicherten/Patienten an der Vertraulichkeit der von dem Telematiksystems erzeugten, gespeicherten und verarbeiteten Daten und damit der Bestand von Hindernissen, die dem Eindringen in ein IT-System entgegenstehen, sowie der Schutz vor dessen Störungen und Manipulationen. Andererseits schließt das Integritätsgrundrecht die entstandene Schutzlücke insoweit, als Manipulationen der eingesetzten Hardware sowie die Infiltration und Veränderung der Programme unterbunden werden müssen.

Dabei ist das informationstechnische System der eGK nicht um seiner Selbstwillen grundrechtsgeschützt, sondern nur insofern, als seine Vertraulichkeit und Integrität Persönlichkeitsbedeutung entwickeln.[50] Der Patient muss deshalb bei der Nutzung der eGK erfahren, welche personenbezogenen oder ggf. seine Persönlichkeit betreffenden Daten über die von ihm eingegebenen hinaus bei dem Nutzungsvorgang (durch Verbindung mit anderen und schon vorhandenen Daten sowie Bestandteilen der Netzinfrastruktur) generiert, wo und wie lange sie aufbewahrt und in welchen Verwendungskontexten sie durch wen genutzt werden. Denn nur dann kann der Patient sein Selbstbestimmungsrecht über die Preisgabe und die Verwendung seiner Daten praktisch erfolgreich ausüben. Andernfalls entfällt die Möglichkeit autonomer Disposition. Er wird durch die Einspeisung seiner Daten in ein vielfältiges, netzwerkartig betriebenes und intransparentes

---

49 Ebenso und verfassungsprinzipiell *Hoffmann-Riem* (o. Fn. 22), S. 1011 ff.
50 BVerfG (o. Fn. 45), RdNr. 194.

informationstechnisches System von Kommunikation über eine ggf. entstehende andere Realität möglicherweise ausgeschlossen. Den dadurch drohenden *strukturellen Verlust an informationeller Autonomie* will der grundrechtliche Schutz der *Vertraulichkeit und Integrität informationstechnischer Systeme* verhindern.[51]

IV. Vertraulichkeit und Integrität der Kartennutzung als Herausforderung des Gesetzgebers

Die beschriebene duale verfassungsrechtliche Maßgabe löst einerseits die Forderung an den Gesetzgeber aus, in § 291a SGB V künftig die Verpflichtung aufzunehmen, den Patienten darüber zu informieren, welche seiner erhobenen Daten wo gespeichert und wie verarbeitet sind, um jederzeit seine Daten löschen oder nicht speichern zu lassen. Eine zentrale Speichersystematik ist darüber hinaus zu vermeiden; der dezentralen Speicherung ist der Vorzug zu geben. Hierzu bedarf es ebenfalls der bislang versäumten gesetzlichen Festlegung. Ferner gilt für genetisch bedingte Diagnosen ein grundsätzliches Speicher- und Nutzungsverbot.

Im Ergebnis laufen diese Anforderungen an die eGK auf eine datenschutzrechtliche *Neukonzipierung des Projekts* hinaus. Dabei ist § 291a SGB V i. S. des „neuen" Grundrechtsschutzes zu überarbeiten. Andernfalls entspräche der Gesetzgeber nicht dem Vorbehalt des Gesetzes.

Im Übrigen lassen die voraufgegangenen Überlegungen erkennen, dass die Einführung der eGK das deutsche Gesundheitssystem vor eine weitere bislang nicht bewältigte Herausforderung stellt. Fahrlässigerweise haben nämlich die bislang durchgeführten Testphasen vorrangig nur die technischen Komponenten auf ihre Eignung und Zuverlässigkeit überprüft; soziale Kontextfaktoren sowie das Zusammenspiel zwischen Patienten einerseits, Leistungserbringern wie Ärzte, Krankenhäuser u. a. m. andererseits blieben außer Betracht; sie wurden nur am Rande einbezogen. Doch ist die durchgehende Akzeptanz und Zufriedenheit aller Beteiligten für die erfolgreiche Einführung unabdingbar.

Darin liegt nicht nur ein gesundheitspolitisches Problem. Da die Akzeptanz von Verwaltungshandeln zu den *Maßstäben des Verwaltungsrechts* zählt,[52] bedeutet ihre Verletzung bzw. absehbare Verfehlung die Entstehung eines Rechtsproblems. So führt denn auch die absehbare, aus einer nicht bzw. wenig transparenten Informationspolitik über die systemtechnische Nutzung der Daten von Patienten resultierende Inakzeptanz der eGK letztlich auch aus verwaltungsrechtli-

---

51 BVerfG (o. Fn. 45), RdNrn. 179, 180.
52 *Pitschas*, Maßstäbe des Verwaltungsrechts, in : Hoffmann-Riem/Schmidt-Aßmann/Voßkuhle (Hrsg.), GVwR II, 2008, § 42 RdNrn. 201 ff., 212 ff.

cher Sicht zur Rechtswidrigkeit der Einführung. Dieser abzuhelfen, sollten die eGK und ihre Anwendung in den Rahmen eines neu zu schaffenden *Telematik-Gesetzes* des Bundes für das Gesundheitswesen eingefügt werden.

V. Zusammenfassung

Die Diskussion um die eGK trägt, wie deutlich geworden ist, viele verdeckte Züge. Zunächst stellt sie einen Beitrag zur Verbesserung der Informationsgrundlagen gesetzlicher Krankenkassen dar, der von vielen datenschutzrechtlichen Sicherungen gegen einen Missbrauch begleitet wird. Doch geht es bei der Karteneinführung ebenso, wenn auch aus anderer Perspektive, um die Frage nach dem Kosten-Nutzen-Verhältnis für die Leistungserbringer und Patienten bzw. Versicherten. Einbeschlossen darin sind Überlegungen zu Effizienzgewinnen in der medizinischen Behandlung und nicht zuletzt zum problematischen Einsatz zugunsten fortschreitender Rationierung im Gesundheitswesen.

Hinter alledem offenbart sich, gleichsam in der „Tiefenschicht" näherer Betrachtung, die eGK als Wegbereiter der Telematik im Gesundheitssektor. Diese wiederum ist in die Regulierungsfunktion der nationalen (und supranationalen) Gesundheitspolitik durch eGovernment eingebettet. Dessen Fundament bildet die für e-Health im Ausbau befindliche Netzinfrastruktur, als deren Bestandteil die eGK fungiert. Damit öffnet sich der vernetzte Gesundheitsmarkt einer staatlich-kassenseitig verantworteten und durch Informationstechnik gestützten Regulierung.

Die Analyse dieser Entwicklung zeigt regulatorische Risiken auf: Sie betreffen einerseits die Sicherheit der gespeicherten Daten. Andererseits brechen dem herkömmlichen Datenschutz mit Blick auf die netzbasierte Telekommunikation und deren Intransparenz die Fundamente weg. Dem Nutzer der Karte fehlt das entsprechende systembezogene Vertrauen. Der Beitrag plädiert daher dafür, gestützt auf das Grundrecht der Gewährleistung von Vertraulichkeit und Integrität informationstechnischer Systeme, einen neuen Anlauf für Datenschutz und Datensicherheit im Zusammenhang mit der eGK zu nehmen. In Verfolg dieses Zweckes wäre die Nutzung der eGK in ein nunmehr unverzichtbares *Telematik-Gesetz* des Bundes für das Gesundheitswesen einzufügen und neu zu regeln.

Verzeichnis der Autoren

Dr. *Günther E. Buchholz*, Stellvertretender Vorsitzender des Vorstandes der Kassenzahnärztlichen Bundesvereinigung, Köln

Univ.-Prof. Dr. Dr. h. c. *Rainer Pitschas*, Deutsche Hochschule für Verwaltungswissenschaften Speyer

Brigitte Schmidt-Jähn, Ministerialrätin, Referatsleiterin Gesundheitsrecht, Grundsatzangelegenheiten, Telematik im Gesundheitswesen, Ministerium für Justiz, Arbeit, Gesundheit und Soziales des Saarlandes, Saarbrücken

Dr. *Thilo Weichert*, Landesbeauftragter für Datenschutz Schleswig-Holstein, Leiter des Unabhängigen Landeszentrums für Datenschutz Schleswig-Holstein, Kiel

Verzeichnis der Speyerer Schriften zu Gesundheitspolitik und Gesundheitsrecht

1. Rainer Pitschas (Hrsg.), Finanzreform in der Gesetzlichen Krankenversicherung und Zukunft des Risiko-Strukturausgleichs, Referate der 8. Speyerer Gesundheitstage am 6./7. April 2006, Speyerer Schriften zu Gesundheitspolitik und Gesundheitsrecht, Band 1, Frankfurt am Main, 2006.

2. Rainer Pitschas (Hrsg.), Gesetzliche Krankenversicherung und Wettbewerb. Auf dem Weg zu einer wirklichen Gesundheitsreform, Referate der 9. Speyerer Gesundheitstage am 22./23. März 2007, Speyerer Schriften zu Gesundheitspolitik und Gesundheitsrecht, Band 2, Frankfurt am Main, 2008.

3. Rainer Pitschas (Hrsg.), Die Gesundheitsreform 2007 als Herausforderung an Beruf und Status der Vertragszahnärzte, Referate des Speyerer Zahnärztesymposiums am 29. bis 31. Oktober 2007, Speyerer Schriften zu Gesundheitspolitik und Gesundheitsrecht, Band 3, Frankfurt am Main, 2009.

4. Rainer Pitschas (Hrsg.), Regulierung des Gesundheitssektors durch Telematikinfrastruktur – die elektronische Gesundheitskarte, Referate des 2. Deutschen Zahnärztesymposiums am 18./19. November 2008, Speyerer Schriften zu Gesundheitspolitik und Gesundheitsrecht, Band 4, Frankfurt am Main 2009.

Speyerer Schriften zu Gesundheitspolitik und Gesundheitsrecht

Herausgegeben von Rainer Pitschas

Band 1   Rainer Pitschas (Hrsg.): Finanzreform in der gesetzlichen Krankenversicherung und Zukunft des Risiko-Strukturausgleichs. 2007.

Band 2   Rainer Pitschas (Hrsg.): Gesetzliche Krankenversicherung und Wettbewerb. Auf dem Weg zu einer wirklichen Gesundheitsreform. 2008.

Band 3   Rainer Pitschas (Hrsg.): Die Gesundheitsreform 2007 als Herausforderung an Beruf und Status der Vertragszahnärzte. 2009.

Band 4   Rainer Pitschas (Hrsg.): Regulierung des Gesundheitsrechts durch Telematikinfrastruktur - die elektronische Gesundheitskarte. 2009.

www.peterlang.de